U1020652

经济法

理论基础及前沿问题解读

闫朝东 / 著

中国纺织出版社有限公司

内 容 提 要

《经济法理论基础及前沿问题解读》从经济法的基础理论、公司法相关理论与应用，到对经济法体系中的税法、金融法、破产法、票据法、保险法、证券法进行了全方面分析与研究，还对对外贸易法的相关理论与应用进行阐述。本书在总结经验的基础上，开拓经济法的研究领域，以期实现经济法学的新发展，为我国市场经济的发展提供智力支持。对满足我国法治社会建设提速环境下，广大人民对经济法知识的需求，以及促进我国经济社会发展具有积极意义。

图书在版编目（CIP）数据

经济法理论基础及前沿问题解读 / 闫朝东著. -- 北京：中国纺织出版社有限公司，2023.9

ISBN 978-7-5229-0811-3

Ⅰ.①经… Ⅱ.①闫… Ⅲ.①经济法—法的理论—中国 Ⅳ.①D922.290.1

中国国家版本馆CIP数据核字（2023）第144766号

责任编辑：向 隽 林双双 史 倩

责任校对：王蕙莹　　　　责任印制：储志伟

中国纺织出版社有限公司出版发行

地址：北京市朝阳区百子湾东里A407号楼 邮政编码：100124

销售电话：010—67004422 传真：010—87155801

http://www.c-textilep.com

中国纺织出版社天猫旗舰店

官方微博 http://www.weibo.com/2119887771

天津千鹤文化传播有限公司印刷 各地新华书店经销

2023年9月第1版第1次印刷

开本：710×1000 1/16 印张：15.5

字数：232千字 定价：98.00元

凡购本书，如有缺页、倒页、脱页，由本社图书营销中心调换

前　言

改革开放以来，我国社会经济的发展取得了举世瞩目的成就。如何理解现代化经济体系概念及其背后的逻辑，如何建设现代化经济体系，已成为具有重大理论价值和现实意义的话题。虽然近年来我国经济发展速度有一定的回落趋势，但仍是世界上经济发展较快的国家和地区之一。这些成就的取得得益于国家总体经济发展战略以及社会主义市场经济体制的建立和市场经济秩序的稳定，而经济法在实施国家总体战略、建立和维护市场经济秩序方面具有不可比拟的优势。在我国法治社会建设提速的大环境下，具备一定的经济法知识对于提高市场主体的法律意识、维护与遵守市场经济秩序有着重要的作用，同时也是市场主体维护自身权益的必然要求。鉴于此，笔者精心撰写了《经济法理论基础及前沿问题解读》一书。

本书共有九章。第一章作为全书开篇，分析了经济法基础理论，包括经济法的概念和基本原则、经济法的体系和地位、经济法律关系及责任。第二章分析了公司法相关理论与应用，如公司的法律性质与类型、公司基本制度、一人有限责任公司、公司法相关案例分析。在上述章节内容的基础上，第三章至第八章重点针对经济法体系中的税法、金融法、破产法、票据法、保险法、证券法进行了全方面分析与研究。第九章为本书的最后一章，主要论述了对外贸易管理法相关理论与应用，如对外贸易法、货物进出口与技术进出口法律制度、国际服务贸易管理制度、对外贸易法相关案例分析。

本书吸收借鉴了国内外经济法学和相关学科的最新研究成果、经济法制度建设的新鲜经验及较成熟的理论研究成果，并尽可能深入浅出地予以阐述。同时，本书结合社会实践对经济法进行分析，生动且直接地对经济法的规定、条例进行分析。通过经济法理论知识与实务案例的有机结合，可以开阔读者视野、提高读者的经济法理论水平和从事经济法实务的能力。

在撰写本书的过程中，笔者参考了相关专家、学者的著作、论文，从中获得了许多有益的成果、见解，谨致以诚挚的谢意。因水平有限，书中难免有不妥之处，敬请同行专家、学者和广大读者批评指正。

闫朝东

2023年5月

目录

第一章　经济法基础理论

经济法是一个独立的法律部门，其主要任务是对社会主义商品经济关系进行整体、系统、全面、综合的调整。在目前这个阶段，经济法主要是对社会生产和再生产过程中，以各类组织为基本主体的经济管理关系和一定范围的经营协调关系进行调整。

第一节　经济法的概念和基本原则

随着社会的不断发展，“经济法”一词和它最初被提出时的含义相比已经有了很大变化。

一、经济法的概念

（一）经济法概念的由来

1.经济法的提出

经济法一般被认为最早是由法国空想社会主义者摩莱里（Morelly）[1]在1755年发表的著作《自然法典》（Code de la Nature）里提出的。摩莱里认为，形成私有制的原因就是社会产品分配的弊端，所以他构建未来公有制社会蓝图时，主要在社会产品分配方面进行研究，并做出了相关规定。所以，在摩莱里的《自然法典》中提到的“经济法”，只是关于分配领域的一种设想，具有很强的局限性，并没有引起社会的广泛关注。

2.《公有法典》中对经济法的使用

法国空想社会主义者狄奥约·德萨米（Dezamy T.），在1842年出版了《公有法典》（Code de la Communaute），在本书中他也用到了“经济法”的概念。《公有法典》中讨论“根本法”的部分中，德萨米对摩莱里的一些论断表示赞同。在摩莱里提出的观点的基础上，德萨米认为社会产品的最佳分配方式是按合适的比例进行平等分配。

法国空想社会主义是马克思主义的三个来源之一，其本身具有十分重要的理论意义。摩莱里和德萨米的经济法思想都具有“空想”的属性，但是两者的理论意义十分重要，所以他们提出的关于经济法的思想理论应该得到继承和发展。

但是，摩莱里提出的经济法的概念已经不能适应当今的社会和经济状况。在当代社会，经济法不可能单纯地与产品分配法画等号，但是它们之间又存在着某种内在的联系。当今的经济法概念可以说是对摩莱里和德萨米经济法思想的继承和重大发展。

当代大多经济法学者认为，经济法是用于调整特定经济关系的法律规范

[1] 摩莱里为作者笔名，本名不详。

的总称，即调整物质利益关系的法律规范的总称，其目的是帮助实现各个经济法主体在物质利益分配中公平合理地获得利益，从这个层面来说，经济法实质上就是分配法。

3. 蒲鲁东对经济法的使用

1865年，蒲鲁东发表了《论工人阶级的政治能力》，在此书中他提到“经济法是政治法和民法的补充和必然产物”。蒲鲁东认为，引起贫穷和犯罪的根本原因就是经济遭到破坏，所以他提出经济法可以作为社会的治疗救济的手段，通过遵守相互性并由此向经济法回归的方式进行社会救治。[1]

从蒲鲁东提出的经济法概念的阐释中我们可以看出，在实际的社会生活中存在政治法和民法无法进行调整的经济关系，要对这种关系进行调整就必须通过经济法发挥作用，所以经济法必须既可以体现国家政治权力，又可以体现经济自主原则。这里对经济法的阐释已经较为接近近代意义上的经济法概念了。

4. 经济法在德国的出现

1916年，德国学者赫德曼在《经济学字典》中使用了经济法的概念，他认为经济法是经济规律在法律上的反映，揭示了经济法产生的客观必然性。第一次世界大战后，为了快速恢复经济，德国政府颁布了一系列法律法规，如《煤炭经济法》《碳酸钾经济法》等。虽然这些法规可以帮助德国较为快速地恢复战后经济，但是这需要通过国家对经济进行干预和调控，这种行为在当时引起了德国学界的广泛关注，各位学者展开了对经济法的概念及相关理论问题的探讨和研究。以此为契机，经济法这一概念在德国开始广泛流传，随后传播到其他国家并开始逐步被接受和使用，从而成为各国通用的法律概念。

5. 经济法在我国的出现

为了保证经济快速增长，在新中国成立初期我国采用的是社会主义计划经济制度，这个时期的经济法调整内容都是包含在强大的行政法体系之下的。1979年，在全国人民代表大会和中共中央、国务院的文件以及在第九届

---

[1] [法] 阿莱克西・雅克曼，居伊・施朗斯.经济法[M].宇泉，译.北京：商务印书馆，1997.

全国人民代表大会常务委员会制定的五年立法规划中，开始正式使用经济法的概念。1980年，普通高等院校法律专业开始开设经济法课程。

（二）经济法的定义

经济法是国家对市场和经济进行干预的法律，其本位是社会整体利益，所以经济法应归于公法的范围。

需要注意的是，国家对经济和市场的干预行为并不是直接对经济主体的生产经营活动进行干预，而是要保证对经济主体生产经营自主权的充分尊重，在此基础上使用一些间接手段对经济和市场进行引导。

二、经济法的基本原则

（一）遵循客观规律原则

客观规律指存在于客观事物之间的内在的、必然的、本质的、不为人们意志所转移的联系。遵循客观规律，首先要保证遵循客观经济规律的要求，通过经济立法，将其转化为经济法律规范，它可以对国家和企业在经济管理中的行为进行规范。其次要遵循自然规律，自然规律体现的是人与自然之间的客观联系。想要实现经济与社会的和谐发展，就需要遵循自然规律进行发展。国家会制定一系列法律法规和相关政策，对人与自然的和谐发展进行规定，如环境保护法、自然资源和能源法以及一些技术监督法规等，通过将自然规律技术规范上升为法律规范，保证在发展经济的同时注重环境保护，为人们赖以生存的自然环境提供保障，从而提高国际竞争能力。

（二）保护、促进社会主义市场经济原则

我国实行社会主义市场经济，它是社会主义公有制与市场经济的结合。

我国实行的社会主义市场经济是在国家宏观调控背景下，将市场调节作为基本配置资源的方式。我国曾经受到长期的计划经济的影响，更习惯于通过指令性计划等行政手段进行资源配置，为了促进经济体制的加速转型，就应该建设和完善经济立法，通过法律为社会主义市场经济体制提供可靠的保障，保障供求机制、价格机制、竞争机制等市场机制可以充分发挥其作用。

1. 保障和促进市场竞争原则

市场经济下必然存在竞争，通过竞争机制、价格机制、供求机制等之间的交互作用实现资源的优化配置。

首先，要遵循诚实守信的基本原则，保证不通过非法、不正当的手段参与市场竞争，不通过损害竞争对手的利益而获得利益。其次，国家和相应的管理机构要努力创造公平、合理的竞争环境和条件，使相关法律可以在市场中充分发挥作用，使社会机能充分发挥作用。最后，对不正当竞争进行严厉的限制和打击，加大力度维护交易秩序。不正当竞争会破坏正常的交易规则，也会侵害正当经营者的合法利益。所以，为了维护正常的市场秩序，就必须对不正当的竞争行为进行严厉的处罚。

2. 国家适度干预原则

国家适度干预原则体现了经济法的本质特征，因为当今市场有“市场失灵”的问题存在，所以仅靠市场的自发调节不能有效地对市场上存在的垄断、产品质量、消费者利益保护等问题进行调节，所以必须依靠国家通过一系列的经济手段对市场经济进行适度干预，才能保证市场顺畅运行。经济法所体现的国家适度干预原则主要提出了两个方面的要求。

（1）正当干预

首先，要保证干预者的权利来源于法律规定。例如，税收是国家进行经济干预的一个重要手段，它可以促进资源的优化配置，促进社会公平的实现。但是税收必须依法行使，不是可以为人为意志所左右的，国家必须按照法律明文规定征税，没有经过法律程序不可以开征新税种。所以，国家对社会经济进行干预时，必须要有相应的法律依据。其次，国家在进行经济干预时，必须保证符合法律规定的程序。我国在曾经的发展历史中呈现出重实体、轻程序的特征，但是现代化经济法对程序的法治化建设要求很高，强调国家干预必须按照规定的程序进行运作，因为严格的程序可以保证相关决策实施的科学性和民主性。

（2）谨慎干预

市场经济体制是以市场调节为基础进行资源配置的，所以如果过度干预，就会导致市场机制的作用被削弱，这就违背了市场经济的本质原则。在对市场经济进行干预时，如果不注意力度、深度和范围的把握，就会导致市场机制的负面作用无法消除，这样就不能维护社会和国家的整体利益。

3. 经济效益和社会效益相结合原则

经济法的一项重要任务就是提高经济效益，但同时还要兼顾社会效益。在社会中存在一些因为过于重视物质利益，而忽视整体利益、长远利益的现象，为了防止、消除和减少这种现象带来的不良后果，就需要立法和执法。通过建立和健全社会保障制度和分配制度，保证社会的稳定发展，这样才能保证经济效益的可持续性提高，社会经济才能可持续发展。

4. 权、责、利统一原则

权、责、利统一原则是指经济主体与国家之间、不同经济主体之间，权利、责任、利益相统一的原则。“权”指经济权利，是与自身义务相对应的合法经济权利；“责”指责任，是违反经济义务需要承担的法律不利后果；“利”指经济利益。权、责、利相统一原则，是对三者关系的说明，权、责、利在经济关系中是不可分割的，是不能独立存在的。权、责、利的统一关系是指以经济权利为基础，以经济责任为前提，以经济利益为动力。可以理解为，在拥有经济权利的基础上，获取利益和承担责任；在承担经济责任的基础上，获取利益和行使权利；将经济利益作为动力的前提下，行使权利和承担责任。

为了贯彻和实行权、责、利统一原则，应该做到以下几点。

（1）经济立法，必须兼顾国家、经济组织的经济利益

社会经济关系中主体的多元化，会通过经济利益的多元化表现出来，会表现为国家、经济组织各自的自身利益，而在现实社会生活中，各经济主体之间会发生利益上的冲突和矛盾。经济法要协调经济主体之间的经济关系，正确处理各种矛盾。

（2）实施经济责任制

为了保证经济法具有实际意义，需要完善经济责任立法。要保证经济立

法中的责任不是泛泛之词，而是具体的责任。因此，应该建立、健全责任追究制度，维护交易市场的稳定与安全。

（3）建立有效的国有资产管理、监督和运营机制

在国家经济层面，要建立和完善相关的管理、监督和运营机制，保证国家资产的保值增值，严防国有资产流失。

第二节　经济法的体系和地位

经济法体系是指经济法法律部门的组成，可以按照不同的方式进行分类，目前并没有定论一定要按照某种方法进行分类。本节会对经济法体系的一些分类方法进行介绍，但主要会按照经济组织法、经济管理法和经济活动法的分类方法进行介绍。

一、我国经济法律体系

经济法体系可以按照不同的方法进行构建。一些学者将经济法分为三个部分，即综合经济法律制度、部门经济法律制度和经济组织法律制度。综合经济法律制度包括计划、财政、金融、土地和其他自然资源、经济合同、市场管理、会计、统计等制度；部门经济法律制度包括对工业、农业、商业、交通运输、旅游等行业的管理制度；经济组织法律制度则包括各类企业制度。还有学者认为可以按照企业组织法、市场运行法、经济纠纷的处理、涉外经济法、经济调控和监督法的架构来建立经济法的体系。其中，市场运行法包括经济和技术合同法、专利法、产品质量法、商标和广告法、消费者权益保护法、反不正当竞争法等；经济调控和监督法包括计划、固定资产投

资、国有资产管理、统计、审计等法律制度；经济纠纷的处理包括调解、仲裁和诉讼。还有可以按照经济组织法、经济仲裁和经济司法、经济管理法、经济和技术合同法的方式对经济法进行分类。

在构造经济法体系时，要保证其在经济法调整的范围内，按照经济的内在逻辑进行体系构建，尽量避免和减少重合缺漏，使整个体系结构清晰。按照经济关系及其经济法调整的内在逻辑，可以将经济法大致分为三个部分，即经济组织法、经济管理法和经济活动法。而经济仲裁和诉讼是完整的程序法律制度，不需要归入经济法部门中，在一些相关的经济法规中，可以涉及一些与实体权利、义务有紧密联系的程序性规范。

二、经济法在我国法律体系中的地位

（一）经济法是一个独立的法的部门

在我国，经济法学界一致同意经济法是一个独立的法的部门的理论，且在整个法学界中这一论断也得到了绝大多数人的认可。

凡调整特定社会关系的全部现行法律规范，就组成一个独立的法的部门。因为法律规范要对多样的社会关系进行调整，所以法的体系是由多个法的部门组成的。按照法律规范的调整对象，可以将现行法律进行划分，在法学上，划分出的每一类现行的法律规范都成为一个独立的法的部门。由此可以看出，独立的法的部门需要有自己特定的调整对象。法的调整对象就是进行法的部门划分的标准。所以，想要判断经济法是否可以作为一个独立的法的部门，就要明确经济法是否拥有其特定的调整对象。经济法是具有其特定的调整对象的。首先，经济法的调整对象具有特定的范围。经济法的调整对象的范围是在国家协调本国经济运行过程中发生的经济关系，经济法不对其他经济关系和非经济关系进行调整。其次，经济法的调整对象与其他部门的调整对象是可以分开的。就是说，经济法调整的在国家协调的本国经济运行过程中发生的经济关系是有自己的特征的，与其他法的部门的调整对象不会产生交叉和重叠。由此可以说明，经济法可以作为一个独立的法的部门。

也有人提出对于法的部门的划分，可以将调整对象作为主要标准，同时通过其他调整方法进行辅助。在进行法的部门的划分时，要保证同一次划分法的部门必须按照相同的标准进行，不可以在同一次划分结束前改变划分标准。如果在进行部门的同一次划分时，对调整对象、调整方法等不同的标准进行交叉使用，就可能造成划分出的部门存在外延互相交叉、部门界限不清的现象。这种“多标准交叉划分”，会导致通过划分得到的法的部门无法实现明确法这一概念外延的目的。

（二）经济法与相关法律的关系

1. 经济法与商法

（1）我国形成“商法”部门是否具有必要性

我国是否需要形成一个“商法”部门的问题，需要结合理论和实际进行探讨。对于我国法学的发展以及我国法治建设发展来说，这个问题都是需要解决的。但是目前的研究结果表明，无论是我国有必要形成一个“商法”部门的观点，还是我国不需要形成一个“商法”部门的观点，都没有一个具体、系统、有充分说服力的理论和现实依据体系来支撑。

主张形成“商法”部门的学者在有关论著中提出的论据主要有以下三个。

第一，实行“民商分立”的国家同时制定了《民法典》和《商法典》，这就证明这些国家明确了商法是一个独立的法的部门的法律地位，所以我国也应该实行“民商分立”，并制定《商法典》，承认商法是一个独立的法的部门。

第二，中共十四届三中全会中提出的《关于建立社会主义市场经济体制若干问题的决定》中明确提出了我国应该进一步完善商法，在此之前，我国对于商法的概念并没有使用过。

第三，使商法成为一个独立的法的部门，可以促进商品经济的发展，是实行市场经济的需求。

主张“商法”不需要形成一个法的部门的学者对于以上说法进行了反驳。

第一，在我国没有必要制定《商法典》。因为我国和一些西方国家存在历史和现实情况上的区别，所以在民事、商事立法方面我国和这些国家会出现不同的立法模式。一些国家并没有制定《民法典》和《商法典》；一些国家只制定了《民法典》，没有制定《商法典》；一些国家同时制定了《民法典》和《商法典》。我国在制定自己的法律时要根据我国的基本国情，不可以直接照搬国外的做法，只是将外国先进的立法方式作为一个参考。对于是否要制定《商法典》，是否要将商法作为一个法的部门，需要考虑我国的自身条件，要看何种方法可以更好地推动我国国民经济的发展。

最初商事立法的目的是保护商人阶级的特殊利益，但是经过社会不断发展以及社会化大生产，普遍商业化现象开始出现和发展，生产职能与流通职能也开始相互渗透，在这样的背景下，商人与非商人之间、商业行为与其他经济行为之间的界限不再像曾经那样清晰，而所谓的商人阶级的特殊利益也便不存在了。我国民法学者提出，就我国目前实际状态来看，将我国的企业和公民直接分成商人和非商人两部分是不实际、不可行的，将目前社会中存在的商品经济活动直接分为商事行为和民事行为也是不可行的，所以说我国当前并不需要将商法作为单独的法的部门。

第二，制定《商法典》不代表形成“商法”部门。按照法理学来看，制定法典与形成一个独立的法的部门是不存在必然联系的。即使不制定《民法典》《经济法典》《行政法典》等相关法典，也可以将民法、经济法、行政法等作为独立的法的部门；反之，即使制定《商法典》等法典，也不一定会成立相应的法的部门。独立的法的部门是指对同一类社会关系进行调整的法律规范的总称，不是有规范性文件就可以形成独立的法的部门的。

第三，建立和完善商事法律并不意味着“商法”部门就此成立。《关于建立社会主义市场经济体制若干问题的决定》中指出，在保证严格遵守宪法规定的原则上，推进我国的经济立法事务，并重视民商法律、刑事法律等方面法律法规的建立和完善。在文件中提到的民商法律是指民事法律和商事法律，需要明确的是商事法律并不等同于商法。即使又颁布了数量很多的商事法律，也不可以说已经形成了“商法”部门。对商事法律进一步完善，并不代表要形成“商法”部门。

第四，若要形成“商法”部门，就需要具有特定的调整对象。关于商法有很多种定义，对这些定义进行总结，可以将其分为大致两类：一类是就其内容进行定义，另一类是就其调整对象进行定义。最具代表性的根据商法内容进行定义：商法是关于商人和商行为的法律；最具代表性的根据商法的调整对象进行定义：商法是调整商事关系的法律规范的总称。对于商事关系的解释也并没有统一的定义，但是根据商法学者普遍认可的方式进行解析，可以将商事关系理解为那些关于商事主体和商事行为的法律法规所调整的经济关系。但是以上所说的调整对象是属于民法和经济法的调整对象的范围，所以商法的调整对象不属于特定的调整对象，所以即使有很多调整这些关系的相关法律，也不能形成单独的法的部门。

第五，从中国经济发展的现实需要来看，不需要形成“商法”部门。目前，我国根据基本国情和市场经济需求，形成了民法和经济法两大法的部门，通过这两个部门可以对社会主义市场经济关系进行全面调整，二者可以充分发挥各自的功能，同时可以紧密联系，共同引导、推进和保障社会主义市场经济体制的建立和完善，促进国民经济的快速、平稳发展。商法的调整对象本来就在民法和经济法的调整对象范围内，所以没必要将这一部分单独提出成立一个单独的法的部门。并且，一些研究学者认为，目前我国还没有建立商法部门的客观条件和法学基础。

（2）经济法与规范性文件意义上讲的“商法”的关系

按照一些研究者的说法，商法的规范性文件主要包括公司、票据、保险、海商等方面的规范性文件。可以大致将这些文件分为两类法律规定：一类是关于商事主体的，另一类是关于商事行为的。其中关于商事主体的法律规定主要调整的关系包括在商事主体进行设立、变更、终止行为时产生的经济管理关系、市场交易关系；在商事主体进行内部管理时产生的经济关系。关于商事行为的法律规定主要调整的关系包括在商事主体进行市场交易时所产生的经济关系，以及在商事主体进行市场监管时产生的经济关系。

上面提到的市场交易关系的调整属于民法的调整范围，调整市场交易关系的法律法规实际上是民事法律规范，所以这一部分应该归于民法部门。上面提到的经济管理关系的调整属于经济法的调整范围，调整上述经济管理关系的法律规范实际上是经济法律规范，所以这一部分应归于经济法部门。

2. 经济法与行政法

（1）经济法与行政法的联系

从独立地位的角度看，经济法与行政法都属于国内法，是对国内一定范围内的管理关系进行调整的法律，二者均为独立的法律部门。

从作用的角度看，国家颁布并实行经济法与行政法都是为了保护国家的利益以及社会公共利益，二者对于推动国家的经济发展以及促进社会进步都起到了积极作用。

（2）经济法与行政法的区别

从调整对象的角度看，经济法是一种对本国经济运行过程中发生的经济关系进行调整的法律，该经济关系是一种经济管理关系，如市场监管关系和宏观调控关系等都属于上述经济关系。行政法是对本国的行政管理关系进行调整的法律，它不对经济管理关系进行调整。如果利用行政法对经济管理关系进行调整，就会导致政府与企业之间职责不分，就不能进行合理有效的调整。这是因为行政法发生作用需要通过行政层次、行政区划和行政手段，在这样的前提下，企业会直接成为国家和政府的附属组织，企业在市场中的作用不能得到充分发挥。利用行政法对经济关系进行调整是不符合我国经济体制改革方向的，也不利于我国国民经济的发展。

从作用的角度看，经济法作用于经济关系，是针对一国的经济体制发挥作用的法律，可以引导和推进经济的发展，并可以提供相应的保障；行政法作用于行政关系，是针对一国的政治体制发挥作用的法律，可以引导和推进政治体制的发展变革，可以为此提供保障。经济法相较行政法可以更为直接地作用于国家经济，对国民经济的发展有更明显的作用。

可以看出，经济法与行政法既相互联系，又有所区别，二者都是国内法体系，他们属于并列关系，不存在从属和交叉的关系。

第三节　经济法律关系及责任

法律关系是一种社会关系，是关于法律主体享有的权利和应承担的义务的关系。经济法律关系就是对法律关系的一种更为具体的解释，是在经济语境下的解释，它是指经济主体之间关于享有的权利和应承担的义务之间的关系。经济法律责任是经济法主体因为违反其义务而需要承担的不利法律后果。

一、经济法律关系的内容

（一）经济权利

经济权利是指经济法主体按照相关法律法规的规定，拥有可以作为或不作为一定行为，或是要求他人作为或不作为一定行为的权利。按照我国经济法，经济法主体享有很多的经济权利。为了进一步促进社会进步，我国大力推进社会主义市场经济的加深加快发展，随之而来的便是国家对经济的管理方式的转变，即从曾经的国家直接管理为主转变为国家间接管理为主，而正因为这种转变，经济法主体拥有了更广泛的经济权利。

1. 经济职权

国家机关以及相关的工作人员在按照相关法律进行经济管理时，其依法拥有的权力就是经济法的经济职权。国家机关以及相关工作人员按照法律法规的规定正确行使其经济职权时，管理对象有义务服从和配合经济管理工作。国家机关以及相关工作人员不可以对其享有的经济职权进行随意的转让和放弃。

2. 物权

物权是指经济法主体按照法律法规的规定，对某些特定的事物可以直接支配和排他的权利，如所有权、用益物权和担保物权等都属于物权。

3. 法人财产权

法人财产权指企业法人对企业所有者投资所设企业的全部财产在经营中享有的占有、使用、收益与处分的权利。实际上，对于企业而言法人财产权只是观念上的一种虚构形式，因为企业股东的所有权是不能被企业经营者剥夺的，对于现代企业来说，股东仍然是企业的所有者和控制者。

4. 债权

债权是在当事人之间产生的一种特定权利，具体权利按照合同约定或法律规定享有。债权的义务主体是特定主体，它是针对特定主体的一种请求权。

5. 知识产权

知识产权是指权利人对其智力成果享有的财产权利，其中还包括生产经营活动中标记所有人依法所享有的权利，如商标权、专利权、著作权等均属于知识产权的范畴。

6. 股权

股权也称为股东权，是指基于股东地位而对公司主张的权利。股权可分为两类，即自益权和共益权。自益权是指股东以自身利益为目标而单独主张的权利，如股权转让权、利润分配请求权、剩余财产分配权等。共益权是指股东为了公司的利益以及自身的利益考虑而主张的权利，如公司决策权、选择权、监督管理者权等。

（二）经济义务

经济义务是经济法主体必须承担的义务，按照经济法的规定，经济主体有必要承担与其经济权利相对应的经济义务。

第一，经济法的义务主体需要作为或是不作为一定行为，以此保证经济法权利主体的利益需求可以得到相应的满足。

第二，经济法义务主体需要按照法律的规定承担其义务，对于规定范围外的义务，义务主体不需要履行。

第三，经济法义务主体必须按照相关规定履行法定范围内的经济义务，否则需要按照相关法律法规的规定承担一定法律责任。

与经济义务相对应的是经济责任。根据国情建立科学合理的经济责任制，是经济法理论和实务中的一个重要课题。在经济管理和经济活动中，要通过法律、法规、规章、合同等对人们在社会分工中应该担负的责任进行规定，包括职责、权限、利益和效益等方面，这一系列规定的统称即为经济责任制，制度的运行目的是提高社会经济效益。随着社会化大生产的发展和深化，其对社会分工提出了全新要求，也就诞生了经济责任制，经济责任制保证社会中的生产经营活动是有序进行、有人负责的。经济责任制可以提高经济主体的责任感，以此维持经济秩序的稳定。经济责任制可以实现责、权、利的统一，按照承担的责任划分权利和利益，并可以综合运用民事、行政、刑事等责任方式，保证经济责任制可以顺利发挥作用。在不同的经济法文件中，经济责任制会呈现出不同的表现形式，一些侧重于惩罚，一些侧重于奖励，还有一些是惩罚与奖励并用。在惩罚方面，一些法律文件有专门的规定，如法律责任、监督与处罚等章节，有专门的条款对惩罚原则和规则进行规定。

经济权利和经济义务一定是同时存在的，二者之间互相依靠，具有相对性和对等性。在经济法律关系中，若一个经济主体享有一定经济权利，那么一定有与之相应的经济主体承担了相应的经济义务，因为一个权利主体没有与之相对应的义务主体，就会导致权利没有义务的支撑，那么权利也就无法得到保障，也就不可能实现。经济权利和经济义务之间还存在对等性，不存在没有权利的义务，也不存在没有义务的权利，它们一定是同时存在、相互依靠的。经济权利与经济义务之间存在统一关系，当一个经济主体享有经济权力时，就必须承担相应的经济义务；当一个经济主体承受了一定经济义务时，也应该享有相应的经济权利。

二、经济法责任

（一）经济法责任的概念

关于经济法的法律责任有很多种说法，如“经济责任”“经济法责任”“经济法律责任”“经济关系中的责任”等。在这里用“经济法责任”来进行说明，因为这一语词准确地表达了经济法的法律责任，简洁明白，不易使人产生词语认识上的误解。

经济法责任是指违反经济法义务而引起的经济法规范规定的不利后果。经济法规范规定的不利后果包括各类制定法或非制定法为表现形式的经济法律法规，对于经济法主体违反经济法义务而需要承担的相应后果。经济法主体违反经济法义务会引起经济法规范规定的不利后果，违反经济法义务的行为具有明显的违法性。不利后果的具体内容是经济法规范规定的，所以经济法责任是具有法定性的。国家强制力会保证违反经济法义务所必须承担的不利后果的执行，所以经济法责任具有国家强制性。

（二）建立和完善经济法责任制度的意义

1. 提高经济法制定质量的需要

想要保证经济法制定的质量，必须正确看待和制定经济法责任制度，假定、行为模式、法律后果构成了法律规范的逻辑，规范性是法的一个基本特征。但是我国经济法规范性文件中却存在一些不符合要求的地方。一些经济法规范性文件没有对经济法责任进行规定；一些文件中关于经济法责任的规定不明确、不全面；一些规范性文件虽然对经济法责任进行了规定，但是对相应的执法机关及其职责并没有做出明确规定，对于执法机关不执法的后果也没有进行具体规定。以上这些问题都会导致有关经济法的法律、法规、规章的规范性不足，也就影响了经济法制定的质量。

2. 保证经济法实施的需要

对经济法责任进行科学合理规定，可以保证经济法实施的效果。就我国目前的经济法规范性文件来看，其中有一些只对经济法的权利和义务进行了规定，但是对违反经济法义务而产生的法定不利结果没有进行规定或是没有进行明确、全面的规定，这就导致关于经济法权利和义务的规定的实施没有强力有效的法律保障作为支撑，也就会直接影响经济法的实施效果，使经济法的作用不能得到充分发挥。我国目前虽然建立了基本的经济法责任制度，但是这只是基本建设，并没有实现经济法责任制度的建立和健全。所以，想要保证经济法的实施效果，就必须建立健全经济法责任制度。

三、经济法新型责任形态

在我国当前经济社会发展形势下，以合同为基础来构建经济法上违约责任形态存在着必要性与可行性。由于我国目前尚未形成独立的违约责任制度，在实践中也尚无违约责任与行政赔偿、民事赔偿相衔接的机制，因此我国需要构建具有独立法律人格并能适用于经济法中其他各种法律行为形式及效力等规范的违约金制度。

（一）经济法新型责任形态的法理基础

经济法是以经济法律关系为对象而形成的一种特殊类型的社会规范体系。在经济法中，有关经济法责任形式的规定主要包括三类：一是对于经济法责任形式的立法目的进行明确规定；二是通过制定相关法规来规范和保障经济法责任形式的存续与发展；三是通过颁布法律条例等方式来保护经济法责任形式的存续与发展。从这三大方面来看，经济法责任形式具有明显的多样性、复杂性以及多元性特点。首先，经济法责任形式的多样性体现了经济法责任形式的多层次性。由于不同国家或地区之间存在着较大的文化差异，因此各国或者各个地区所采用的经济法责任形式也会有所不同。其次，经济法责任形式的复杂性则表现出经济法责任形式的差异化。随着市场经济的不断发展，各种各样的新问题层出不穷，由此导致经济法责任形式呈现出多样化的趋势。

（二）经济法新型责任形态的意义

经济法责任形态是对传统经济法责任形态的一种突破和创新。在经济法责任形态中，其以整体性为基础，以价值论为核心，将经济法责任作为一个有机系统进行研究，并且从宏观上把握经济法责任的内在规律，使得整个经济法责任体系更加科学合理，同时也有助于人们正确认识经济法责任与其他法律责任之间的关系，进而促进经济法责任理论体系的完善发展。另外，经济法责任形态还具有一定的实践应用价值，这主要体现在以下两个方面。

第一，经济法责任形态可以有效推动我国整体法治建设进程，通过构建完整的经济法责任体系来实现整体法治水平的提升，而且能够充分发挥出经济法责任理论的整体性作用，有助于提高社会治理能力。

第二，经济法责任形态有助于增强国家机关依法行政意识，强化政府部门内部监督职能，确保各项工作都有法可依，从而保证整体法治环境的良好运行。

从经济法责任形态的构成要素来看，主要包括三个方面：一是法律责任与行政责任相结合，二是法律责任与刑事责任相结合，三是法律责任与民事责任相结合。其中，法律责任和刑事责任是经济法中最为重要的两个责任形态，也是经济法区别于其他部门法的显著标志之一。在这里需要注意的是，虽然二者都具有双重性，但是二者又有不同之处。首先，前者所指向的对象为国家机关或企事业单位等组织及其工作人员，而后者则指的是公民个人。其次，前者所指向的行为主体多为政府部门或者企业，而后者则多以自然人为主。最后，前者所要求的义务具有强制性，而后者则更加注重权利和义务之间的协调统一。

（三）经济法新型责任形态的实证性研究

1. 经济法秩序层面的认知困境

在传统计划经济时代，我国一直以来都是一个高度集中的市场主体结构，这种体制下形成了一整套完整的法律法规和政策制度体系，并且对于整个社会的发展起到了重要作用。但是随着社会主义市场经济的不断深入推进，人们逐渐认识到单纯依靠政府力量来进行宏观调控已经无法满足社会整体利益最大化的要求，因此需要建立一套系统化的、科学规范的社会治理机制。

2. 经济法行为层面的认知困境

在经济法中经济法规范是指以法律为依据而制定出来的具有约束力和强制力的各种经济活动的总称。经济法规范主要包括经济法基本原则、经济法基本制度以及与之相关联的其他规范等内容。其中，经济法基本原则是经济法规范的灵魂所在，经济法基本制度则是对经济法规范进行具体化规定的重要依据，与之相适应的其他规范则是经济法规范体系的核心内容。因此，只有将经济法规范作为经济法责任形态的基础，才能更好地发挥其作用，促进经济法责任形态的不断完善。但是，目前我国关于经济法责任形态的立法还存在着诸多问题，如缺乏统一的标准规范、各部门法之间协调不够紧密、经济法责任主体不明确、经济法责任形式单一等，这些都会影响经济法责任形态的进一步发展。

3. 经济法法益层面的认知困境

在传统民法中对于民事主体之间的关系是通过法律来进行调整和规范的。而市场经济发展到一定阶段后，人们开始将目光转向国家干预下的社会整体利益，并且认为只有当国家干预与社会整体利益相一致时才能实现其价值目标。这种观点虽然有利于维护社会秩序稳定、促进经济社会健康有序地向前发展，但是也存在着明显的缺陷。以社区团购为例，首先，由于我国目前还没有一部专门针对社区团购的法律法规，因此无法明确规定社区团购行为是否属于违法行为；其次，由于社区团购本身具有较强的自发性特征，因此很难形成有效的监管机制，进而导致相关部门难以及时发现问题并采取相应措施加以解决；最后，由于缺乏相应的行政执法手段，使社区团购活动处于一种无序状态，从而影响了整个市场交易秩序的正常运行。

4. 经济法法权层面的认知困境

在经济法责任形式上，各国对于经济法责任形式的认识存在差异。以某国为例，其认为经济法责任是一种独立于行政法律责任之外的责任形式，而我国则将经济法责任视为与行政法律责任并列的责任形式。这两种观点都有一定合理性，但是也存在着明显的局限性。首先，从经济法的本质来看，经济法具有双重属性，即经济管理和社会治理功能。因此，经济法应当属于广义的公共行政范畴，不仅包括狭义的民事法律关系，还应涵盖行政法律关系、刑事法律关系等其他领域。其次，由于经济法本身的特殊性，使得它无法完全避免地受到传统民法学中关于财产责任的影响，进而导致了部分学者否认经济法作为独立的责任形式的观点。

（四）经济法新型责任形态的保障性分析

1. 经济法新型责任形态的利益保护与利益实现的一致性

经济法责任是指在一定条件下，为了维护和促进经济社会发展而对法律所规定的行为或事项进行的一种限制或者禁止。从本质上看，经济法责任是以经济法制度作为基础、以经济法主体之间相互关系为纽带、以经济法客体

（包括国家机关及企事业单位等）存在的价值为内容、以经济法结果为表现形式的一系列规范体系。这里的经济法责任既可以理解为经济法责任的具体化，也可以理解为经济法责任的目的性。具体来说，经济法责任主要表现为以下各方面的特征：

第一，经济法责任具有双重属性，即经济法责任不仅有法益侵害性，还有权利义务履行性；

第二，经济法责任具有多重功能，即经济法责任能够通过发挥其自身的作用来实现特定的目标，并且该功能又会反过来影响其他相关者的行为选择。

2. 经济法新型责任形态的利益实现

在经济法责任形态中，经济法责任形态是一种具有整体性特征的法律责任形式，这种整体性特征主要体现为经济法责任形态与其他责任形态之间存在着内在联系和相互作用关系。从整体上看，经济法责任形态所追求的目标就是要通过对经济法责任形态进行科学合理的设计来促进整个社会经济发展水平的提升；从局部来看，经济法责任形态也可以作为一种特殊类型的责任形式而存在，其目的就在于通过对经济法责任形态进行有效设计进而促进整个社会经济的健康有序发展。因此，只有将经济法责任形态纳入经济法责任体系中加以考量、研究和探讨，才能更好地发挥出其应有的作用，并且还能够进一步推动我国市场经济的持续稳定运行。

3. 经济法新型责任形态的利益保护

在传统民法中，对于损害赔偿的规定主要是以金钱为基础进行衡量。但是由于我国目前经济发展水平较低、市场经济不够发达等原因，导致很多人都存在一定程度的损失，这种情况下就需要通过适当的方式来弥补，而且要考虑其是否会给自己带来不利影响。因此，有必要采取有效措施来避免此类情况发生。除此之外，还可以采用成本补偿或者是其他形式的补偿机制来弥补公共利益受损害所造成的损失。例如，如果一个企业在生产过程中出现了一些问题，那么就可以根据实际情况来制定相应的成本补偿方案，从而使得相关主体能够得到及时的帮助和支持；再比如说，政府部门也要承担起自身应尽的职责，并且要将公共利益作为重要的考量因素之一，这样才能够更好地维护社会公众的合法权益。

4. 经济法新型责任形态的利益平衡

在经济法中存在“权增负法益”和“权减负法益”两种类型的法律责任形式。所谓“权增负法益”，是指当行为人实施了违反公序良俗或社会公共利益等不正当行为时，由于自身所具有的权利受到损害而产生的一种法益侵害；而“权减负法益”则是指当然地、合法地行使自己的权利并不会导致任何不利后果发生的情况下所应承担的义务。从这个角度来看，经济法主体所应该具备的基本素质就是要能够正确认识经济法责任形态的本质属性，即经济法责任形态属于经济法主体的私法范畴，同时也属于经济法制度体系的组成部分。

（五）经济法新型责任形态的构建

1. 经济法新型责任形态的利益——结果分析的评价

在经济法责任形式的发展过程中，由于各类法律责任形式之间存在着一定程度的差异性。因此，为了更好地实现对经济法责任形式的有效控制和管理，需要将各个部门法责任形式进行有机融合，并且根据实际情况来选择合适的责任形式。但是，随着社会经济的不断发展以及人们思想观念的转变，各种各样的新问题也随之出现，这就使得经济法责任形式的演变呈现出多样化的趋势。权利关系是一种复合型法律责任形式。这种复合型法律责任形式在本质上属于价值论与事实论相结合的产物，其本质就是对经济法责任主体和客体之间权利义务关系进行全面系统化的研究，从而为经济法责任体系的完善提供科学依据。同时，该种责任形态也有助于促进经济法责任法的发展，使得经济法责任法更加具有规范性、合理性以及可操作性等特点。

2. 经济法新型责任形态的利益——结果分析的应用

其主要是指在经济法中引入利益衡量标准和方法。这种分析方法可以帮助人们更好地理解经济法规范所要解决的问题以及如何去实现这些目标。通过对经济法新型责任形态进行分析，能够发现其与传统责任形态存在着一定差异性，因此需要将二者结合起来，从而使得经济法规范体系得到进一步完善。例如，如果说传统责任形态下的违法性判断只是单纯地依靠法律条文来实现，那么就无法达到预期效果；而且由于缺乏相应的监督机制，很难保证行为人不会出现违法行为。但是，如果采用了利益衡量标准和方法，则可以让违法性评价变得更为科学、合理、有效，并且还能够实现对违法性后果的预测，进而为相关部门提供有价值的参考信息，以便于及时发现其中存在的不足之处，并采取相应的措施加以解决。

3.经济法新型责任形态的利益——结果分析

在经济法中对于责任形式的选择是一个非常重要的问题。如果责任形式过于单一、抽象或者过于复杂，那么就很难保证责任主体和责任客体之间的关系能够得到有效的协调与处理；相反，如果责任形式过于简单，则可能导致责任主体和责任客体之间缺乏必要的联系，从而使得责任形式无法发挥其应有的作用。因此，为了更好地实现法律责任的功能，我们需要将责任形式进行适当的调整，以便于人们可以根据自身实际情况来决定是否要承担相应的民事法律后果。例如，《中华人民共和国民法典》第一千零三十四条中的“违反国家有关规定”这一表述并没有明确规定哪些行为属于违法行为，而是通过列举一些具体的情形来说明这些行为不应当被纳入侵权责任当中。

4.经济法新型责任形态的法域定位

在对经济法责任形式进行研究时，应当从不同角度出发。首先是从法律法规层面上考虑，其次是从社会生活中来考察，最后是从法学理论体系进行分析。其中，前两个维度主要涉及立法者和司法机关等主体所要承担的责任形式；后一个维度则主要包括了公民个人以及企业等主体所要承担的责任形式。这三个方面都需要我们去关注、探讨。但是无论如何，作为一种新出现的责任形态，它们都有自己独特的特点，也有着自身存在的价值与意义。因此，我们不能只将目光局限于传统民法中的权利义务关系，而应更加注重经济法领域内的相关问题。例如，《中华人民共和国合同法》第五十二条中的“违约责任”就不应被忽视，如果没有相应的法律依据，那么该条中的“免责事由”就很难得到认可。

综上所述，在对经济法进行研究时，应当注意到其具有双重属性——权增负和权减负。所谓权增负，指的是通过赋予债权人一定程度上的减少或免除债务义务来使债权得以有效行使，从而达到保护债权人利益的目的。而所谓权减负，则指的是通过增加或者减轻某些行为规范以降低某些行为规范的适用性，进而使得这些行为规范能够适应社会发展的需求。

第二章 公司法相关理论与应用

在当今社会中，公司成为较活跃的经济主体之一。为了保障公司的有序运转，公司法应运而生。掌握公司法的相关理论并对其应用展开研究对于明确公司的权利义务，从而更好地发挥其在社会经济发展中的作用具有十分重要的意义。

第一节 公司的法律性质与类型

公司法总论是对公司基本问题的研究，主要涉及公司的法律性质和公司的类型等内容。

一、公司的法律性质

（一）公司的法律地位

对自然人来说，每个人自出生之日起就享有民事权利能力。可见，公民享有平等的法律地位，人格是一种天赋人权。与自然人不同，公司法人的民事权利必须由法律赋予。此外，不同公司在社会经济发展过程中承担着不同的职能，因此公司法人的民事权利并非完全一致，而常常有所差别。具体的差别由公司章程规定，并经公司登记机关登记后具有法律效力。

（二）公司的行为特征

公司能够以自己的名义承担民事责任、享有民事权利，是一个独立的主体，同时也是具有法人资格的经济组织。根据法人制度的相关理论，法人不像自然人那样具有自然生命力，既不具有行动能力也不具备思维能力，而是依据国家相关法律法规而成立的主体。因此，法人在行使民事权利时必须依赖自然人的帮助，即由其法定代表人与授权代表人代为行使公司法人的民事权利能力，且由此带来的一切后果均由公司来承担。更进一步来说，如果公司成员在代表公司履行职务时给他人带来损失，则相关责任与公司成员没有关系，均由公司来承担。需要注意的是，如果公司成员是因非职务行为而给他人带来损失，应由其个人来承担相关责任。

二、公司的类型

（一）有限责任公司

所谓有限责任公司，是指公司以其全部资产对外承担责任、股东以其出资额为限对公司承担责任的企业法人。有限责任公司的前提是股东之间的相互信任及共同出资，股东之间相互联合的内容则通过共同意志得以体现。因此，有限责任公司在传统商法又被称为“人合性公司”。一般来说，有限责任公司的股东既可以是自然人，也可以是法人，股东人数为50人以下，公司规模可根据经营范围的变化而变化。就目前的情况来看，有限责任公司是经济活动中最便捷的经济组织形式。

（二）国有独资公司

所谓国有独资公司，是指由国家单独出资的有限责任公司。其特殊之处在于，出资人职责由地方人民政府国有资产监督管理机构履行，而地方人民政府国有资产监督管理机构通常应得到地方人民政府或国务院的委托或授权。一般来说，采取国有独资公司形式的常属于特定行业，或者生产某些特殊产品的公司，如关系到重大国计民生的公司或军工企业等。国有独资公司的章程由国家授权的部门或国家授权投资的机构制定（审批）。

（三）一人公司

所谓一人公司，又称“一人有限责任公司”，是指只有一个股东的有限责任公司。这个股东既可以是法人，也可以是自然人。由于只有一个股东，其法定注册资本的最低限额为10万元人民币，以此来更好地保护债权人的利益。此外，股东自己的财产与公司财产应在账目上进行严格的区分，否则将由股东对公司债务承担其无限责任。

（四）股份有限公司

所谓股份有限公司，是指将公司的全部资本划分为等额股份，公司以其全部资产对外承担责任、股东以其所持有股份为限对公司承担责任的企业法人。根据法律规定，股份有限公司的发起人最少为2人，最多不能超过200人，最低注册资本不能低于人民币500万元。股份有限公司的设立方式包括两种：募集设立与发起设立。其中，只有经募集设立的公司才可能成为上市公司，且公司拟发行股份总额中至少35%的股份应由发起人认购。

股份有限公司可以将现代企业经营管理方式、社会投资规模以及投资者的有限责任最大限度地综合在一起，将可以利用的社会资金集中在一起投入特定项目上，因而是一种较完善的公司形式。此外，股份有限公司可以将少数小型企业、少数人难以做到的事情轻易完成，并可以在短时间内调动较大的生产能力，所以很受投资者的欢迎。在证券市场上，股份有限公司在集资方面具有其他经济形式所不具备的高效、简便的优势，能够极大地推动资产兼并，吸引投资者的后续投资，因而是最受投资者和国家关注的企业。股份有限公司将很多股东的资本集合在一起，所以又被称为“资合性公司”。

（五）无限责任公司

无限责任公司产生于近代欧洲，虽名为公司，其本质是一种合伙企业。合伙企业具有比较悠久的历史，老板、合伙人、所有人等出资人对企业债务承担无限连带责任是其主要特征。无限连带责任使无限责任公司获得较高的商业信誉，人们普遍认为，若某个合伙人的财产不能清偿公司债务时，其他合伙人会共同承担连带责任，若合伙企业的财产不足以清偿债务时，合伙人会用自己的财产来承担。合伙企业的无限连带责任使其以较小规模赢得了较多的业务机会，所以被很多投资者采用。当人类历史进入资本主义社会后，一些精明的合伙人看到了“公司”的巨大商业潜能，为了得到更多的业务机会，便将合伙企业更名为无限责任公司。

随着无限责任公司数量的增多，由此带来了一系列与设立、消灭、变更等相关的程序问题以及经营管理问题，于是国际上出台了一系列与无限责任公司相关的法律法规，并最终使无限责任公司正式成为法律上承认的一种主体。

需要注意的是，公司在我国法律中被明确规定为有限责任公司，可见无限责任公司这种经济形式在我国法律中是不被认可的。此外，如果不承担有限责任，就不能称为公司，因此合伙企业不能使用“公司”这一名称，因其以全体合伙人形式承担无限连带责任。

（六）两合公司

两合公司将有限责任公司与无限责任公司的优势集合在一起，既能吸引更多投资，从而使公司的资本与经营规模不断扩大，又具有较高的商业信誉，从而提升市场竞争力。

第二节　公司基本制度

关于公司的具体规定既涉及公司的成立、存续、变更、消灭，又包括公司的内部管理制度，如法人治理结构、基本财产制度、股东救济制度、合并与分立制度、解散与清算等。因篇幅所限，本节将对公司法人人格否认制度与公司法人治理结构进行阐述。

一、公司法人人格否认制度

公司法人人格是国有公司法人人格制度的重要组成部分，也是现代公司制度的基础。当国有公司法人人格被破坏时，原有的公司法人人格制度就难以保护公司当事人之间的利益，难免会发生公司当事人间利益失衡的问题。此时，需要对国有公司法人人格制度进行维护和完善，用于防范公司股东滥用职权给公司及其他利益相关人造成权益损失。由此可见，引入公司法人人格否认制度对于保护国有公司利益相关人的利益和维护市场交易秩序有着重要的意义。

（一）公司法人人格否认制度概念界定

1. 内涵

公司法人人格否认也叫公司法人人格否认制度。它的界定最早出现于美国“揭开公司面纱”制度，其内涵为当股东滥用公司法人独立地位及股东有限责任逃避债务时，该股东即丧失依法享有的仅以出资额为限的对公司债务承担有限责任的权利，应对公司全部债务承担连带责任。但“揭开公司面纱”制度在传入其他国家时在司法解释上出现了不同的理解与解释。英国效仿并引入该法律后解释为“刺破公司面纱”，德国司法解释为“直索责任”，日本司法解释为“透视理论”。在实际生活中，有些股东滥用职权，转移公司财产，或将个人财产与公司财产混同，借此来规避自身应该履行的债务，使得国有公司可用于履行债务的财产减少，降低了公司的债务履行能力。我国在修改公司法时制定和完善公司法人格否认制度，也借鉴了一些发达国家应用公司法人人格否认法律规制来防范公司制度风险的做法。我国的公司法人人格否认制度考虑了发展中国家市场经济及国内人民法院过去审判该类案件的经验，对公司法人人格否认作出了符合我国实际情况及法律体系的解释。我国制定公司法人人格否认制度的根本目的在于防范滥用公司制度风险的行为，用于确保国有公司交易规范安全，最大限度保障公司债权人及相关利益人的利益，维持市场经济秩序的稳定。《中华人民共和国公司法》（以下简称《公司法》）第二十条第三款规定，“公司股东滥用公司法人独立地位和股东有限责任，逃避债务，严重损害公司债权人利益的，应当对公司债务承担连带责任”。

2. 特征

公司法人人格否认作为一项特殊的制度行为，具有以下特征：

①它具有对特定法律关系中已取得的法人资格的否认，而非从根本上对公司独立人格的否认特征；

②它是对公司法人人格制度的进一步完善、维护与发展，因此具有维护法律公平及正义的价值，但不对公司法人制度进行否认的特征；

③它所产生的直接后果具有否定股东有限责任和追偿相关股东责任的特征，而非撤销公司商事主体资格。

3. 构成要件

公司法人人格制度源起于美国建国初期，后被欧洲一些发达国家所效仿，纷纷引入自己国家的法律体系中。各国在制定公司法人人格制度时，考虑到国情法治需求，因此对构成要件的解释和理解也有所差异，但其本质上都以追究国有公司股东侵权责任为核心，而公司法人人格否认的构成要件大多参考了民事侵权行为的构成要件，大体上可以归为主要要件和客观要件两类。

（1）主观要件

公司法人人格否认主观要件的责任主体是具备滥用公司法人人格的行为能力，其中包括国有公司股东、公司董事、公司职员及其他与公司利益相关联的人。责任主体需要具备主观上的过错，且为故意行为或可推定为故意行为。

（2）客观要件

公司法人人格否认客观要件应符合滥用公司法人人格的行为，且已经对公司其他股东利益、债权人利益或社会公共利益造成一定程度的损害，而滥用公司法人人格的行为与上述已经发生的给各个国有公司利益相关主体造成的损害结果存在必要的因果关系。

（二）公司法人人格否认制度法律适用性

国内学术界关于公司法人人格否认的法律适用情形有多种划分，其中常见的是根据构成要件和司法实践表现划分的类型。

1. 根据构成要件划分

（1）主体要件

根据公司法人人格否认的责任主体，构成这类案件的主体要件包括：

①股东滥用公司法人人格行为致使公司债权人利益受损；

②该股东的行为从事实上已经发生了控制公司股东来达到逃避债务。

被告主体确定为实施滥用公司人格和股东有限责任行为控制公司造成公司利益及利益相关人员利益失衡的人。这里包含了上述公司法人人格否认制度构成主观要件中的公司法人人格混同行为。

（2）行为要件

公司法人人格否认的行为要件指该类案件中行为人严重影响公司法人人格独立的具体行为表现。公司法人人格混同具体可分为人员混同、财产混同、业务混同等多种情形。在司法实践中，公司法人人格否认制度的适用还需要考虑实际情况作出判定。人员混同多指公司与股东间、公司与员工间存在关联主体的行为。财产混同指公司财产与公司股东或其他公司财产发生混用管理的行为。业务混同多指公司集团内部上下属公司、子公司之间发生业务履行合同及交易混淆的行为。此外，还包括以公司法人人格规避合同义务或法定义务的行为。具体表现为利用自身法人优势，借由国有公司资本来逃避和减少自身债务而损害其他债权人利益的行为，如股东解散负债公司设立同业务公司，来规避竞业明令禁止的以法人身份从事相同或相近业务的行为。

（3）结果要件

该类案件中的结果要件指滥用公司法人人格的行为已经给公司及债权人和其他利益相关人造成严重损害，且国有公司没有资本弥补债权人及其他利益相关人损失的要件。公司资本满足弥补债权人及其他利益相关人损失的，不适用公司法人人格否认制度。这也表明结果要件的风险大多发生在运营不佳或因治理不佳而造成公司停产、歇业等情况的国有公司。

2. 根据司法实践表现划分

（1）以公司名义规避法律义务的情形

以公司名义规避法律义务的情形在司法实践中表现包括：

①属于法律所规定的特定人；

②利用现有或新设的公司作为工具，实施了法律明令禁止的自身所不允许实施的行为；

③导致法律规定的实效性及所附属的公平、正义结果无法呈现；

④造成社会公共利益损害。

以上表现同时发生时，可适用公司法人人格否认制度。

（2）以公司名义规避合同义务及债务的情形

以国有公司名义规避合同义务及债务的情形在司法实践中通常表现出两种类型。其一，表现为将其财产转移至受其控制的公司，导致合同义务及公司其他债务无法或无能力履行。其二，表现为摆脱合同约定的行为限制，重新成立一个受其控制的公司或子公司。在司法实践中具体表现如下：

①负有竞业禁止义务等契约上的不作为义务的主体，设立由自己支配的公司实施不作为义务行为，用以规避自己在公司的义务；

②设立新公司，逃避自己在原公司中个人合同约定的义务；

③负有巨额债务的公司支配股东为逃避债务而解散公司，或通过设立新公司转移原有公司的资产到新公司，使原有公司成为空壳公司；

④经营风险较高的公司为分散公司风险将公司分割成多家，用于逃避潜在的债务，该情形在出租车公司中尤为常见。

（3）公司资本明显不足的情形

国有公司发生借债行为或股东出资不到位行为，会使公司资本在运营管理上产生明显的不足。该问题可能发生在母子公司中，也可能发生在一人公司中，上述情形均适用公司法人人格否认制度。

（4）公司与股东完全混同的情形

国有公司和国有公司人员完全混同为一体，包括财产、业务、组织管理，或公司通过意志直接或间接地控制公司成员，使国有公司成为公司股东谋权谋利的工具，致使其他股东利益、债权人利益及社会公共利益受损。

（三）公司法人人格否认制度在司法实践中的风险防范措施

公司法人人格否认起诉案件在人民法院依据事实作出审判后，被告方应对此进行举证。举证后在确定责任及公司法人人格否认制度适用的情况下，可根据实际情况制定风险防范措施。具体的风险防范措施制定参考如下。

1.依章任命，依法存档

依公司法及国有公司章程，确定人员任免程序，了解实际任免程序是否与公司章程规定一致，一致的情况下再确定是否具备实际操作性。对公司章程存在上述缺陷的及时着手修订并进行备案。接到上级公司或党委下达的高管人员任免文件时，召开股东会或董事会通过决议依法依章对其进行任免，并依国有公司章程做规范性留档处理。关联公司或集团内公司需要处理相同或相近业务时，交由不同人员办理。

2. 调整公司法人治理结构

系统性梳理各级公司章程，明确各级公司中董事会、股东会权责，建立健全公司或集团内部的决策机制，适当提高下属子公司的独立运营管理权。依照国有公司章程规范使用公司、区域管理公司的控制权，提升股东会、董事会通过决议实施公司治理的地位。必须请示、批复决策的问题，应严格依照公司章程规定的决策流程及指导意见进行。上级公司完成批复后，还需要召开股东会、董事会落实批复意见，并进行存档，以确保请示、批复决策的规范性，预防上级公司股东通过请示、批复控制国有公司或子公司。上级公司的批复意见应该清晰写明“该意见仅为股东/区域公司建议，具体决策依照《公司法》规定和公司规章制度规定的决策流程完成决策”。

3. 严格规范市场交易行为

国有公司需与内部单位发生租赁、调配、买卖、资金借贷、工程承建承揽等业务交易时，应按照市场经济允许的规范性交易模式完成支付与对价。明令禁止同集团内部公司或相关联公司出现无本交易等不符合市场要求的交易行为，防范扰乱市场秩序。完善国有公司章程，明确上下级公司经营管理的程序及要求，严格依章落实控股股东，防范上级公司控制或干预下级公司经营管理问题的发生。

4. 强化资本管理与监督

国有公司在未办理完注销手续前，财务部门应该严格按照财务管理制度做好公司与公司之间、公司与股东之间的财务管理，明确各部分财务管理的边界，预防公司之间、公司与股东之间发生财务混同的风险。在公司经营管理中严格执行认缴制度。因国有公司经营及发展需要成立新公司的情况下，应严格规范做好新设公司的资产评估报告、现金出资凭证及第三方出具的验资报告等相关证明，防范股东借由新公司转移原公司财产或逃避债务。公司或新公司需要增加注册资本时，必须通过股东会、董事会决议，并将所增加资本的出资证明进行存档。国有公司办理减资手续时，应依据《公司法》及公司规章管理制度，严格落实相关流程，并进行减资决议。减资决议需要在地级市以上的报刊向社会公告，并进行文件留档处理。

5. 强化公司内部控制

所有国有公司应加强内部控制，建立健全内部控制管理制度，严格依照制度及管理规范实施各类文件、财务材料、技术材料等审批记录文件的存档，并对需要保密的文件严格执行保密制度。内部控制存档文件除党政、司法部门审查需要外，一律不得出示，防范相关文件被涂改、复制、外泄等风险的发生。

6. 防范公司与子公司业务混同

国有公司可利用内部银行完成集团内部或公司内部的经营资金融通，加速公司内资金流转，合理控制成本。在执行银行资金融通时，上下级公司或相关联公司之间应开设独立的账户管理，防范上下级公司或相关联公司间发生资金结算混同的风险。完善公司财务管理制度，明确禁止上级公司、区域管理公司或控股股东对下级公司或相关联公司的资金支取与调度，保留下级公司或相关联公司与母公司在财务管理上一定的独立权。而当母公司或相关联子公司发生经营亏损及经营资金紧张且支付能力不足时，不得通过上级公司或实际控股人请示、审批获得资金，而应通过股东会、董事会决议后再行处理。集团公司财务管理部门应该严格按照《公司法》《中华人民共和国会计法》的规定及公司财务管理制度管理公司资金，包括上下级公司间的支取与调度等。机关部门依法对国有公司工程结算、资金拨付进行审核时，应仔细核查结算单、审批单上的签名盖章栏是否规范签名及盖有公章。所有以部门名义提交的结算单、审批单等，机关部门应一律不予通过。公司法人人格否认制度是处理上下级公司、相关子公司人格否认问题的依据，也是处理上下级公司、统计相关联公司之间人员混同、业务混同、财务混同以及公司法人人格逃避债务、减少债务等问题的法治依据。

国有公司法人人格否认制度为公司以独立法人经营管理提供了规范性治理依据，对防范股东转移、私吞公司财产和逃避债务提供了制度保障，对化解投资人投资疑虑有着重要的意义。完善公司法人人格否认制度，有利于保护公司债权人及其他相关利益人的合法利益，可鼓励投资人积极投资，规范市场交易秩序。

（四）夫妻公司法人格否认制度

1. 基本案情

2011年，熊某某和沈某某在婚姻存续期间共同出资成立了青曼瑞公司，并各持有50%的股份。2015年，猫人公司向青曼瑞公司要求支付2 983 704.65元货款，（2015）鄂武汉中民商初字第00494号民事调解书确认了这一款项。但之后青曼瑞公司未能如期履行支付义务，猫人公司遂申请法院强制执行，在未能成功获偿的情况下，猫人公司又根据《变更追加执行当事人规定》第二十条的规定，申请将青曼瑞公司的股东熊某某和沈某某作为被执行人加入诉讼。该案经过一审判驳，二审改判后，最终通过再审判决支持了猫人公司追加熊某某和沈某某为被执行人的申请。

2. 争议焦点

本案争议的焦点为熊某某、沈某某夫妻二人出资设立的青曼瑞公司是否为一人有限责任公司，熊某某、沈某某两位股东应否对青曼瑞公司的债务承担连带责任。针对上述争议，一审、二审及再审法院的裁判呈现出“驳回”与“支持”两种截然不同的观点：一审法院认为，青曼瑞公司成立时只有熊某某和沈某某这两位自然人担任股东，不符合《公司法》中一人有限责任公司的构成要素，因此不应将这两位股东追加为被执行人。然而，二审法院则认为，尽管青曼瑞公司的股东登记人数为多个，但该公司是在熊某某和沈某某婚姻存续期间设立的，其股权出资来源为夫妻共同财产，由夫妻共同享有和支配，因此该股权具有利益的一致性和实质的单一性。基于这一认定，二审法院认定青曼瑞公司是实质上的“一人公司”。再审法院随后支持了这一改判理由，并维持了二审判决。此案的再审结果一公布，立即引起了广泛的关注和社会讨论。最高法院认定夫妻公司为实质上的一人公司，其裁判观点无疑加剧了夫妻股东对外承担连带责任的风险。进一步凸显了对如何完善公司立法以有效治理夫妻公司、家族企业，确保公司与股东人格独立的重要性。这也成为当前创造良好营商环境和构建民营经济法律风险防控体系的重要议题。

3. 夫妻公司法人格否认规则在司法适用中产生分歧的原因分析

（1）立法上欠缺对夫妻公司人格混同的判定标准

现实中的夫妻公司往往基于股东出资的特殊性、股东关系的特殊性以及公司治理的特殊性，导致其相较于一般的有限公司更容易发生公司人格混同。其股东往往更容易滥用公司的独立地位从事非法交易、隐匿财产以及欺诈等行为，谋取非法所得，并以股东的有限责任对抗债权人及其他受害人的追诉，逃避债务。但是，由于我国现行《公司法》对公司人格混同的判定欠缺清晰明确的标准，仅仅是对一人公司的财产混同予以了特别规定。致使实务中债权人欲以人格混同否定夫妻股东的有限责任时，要么因为法律规定缺乏可操作性而面临举证困难，要么只能将论证的重心放在夫妻公司是否为一人公司上，造成了同案不同判的现象一再发生。

（2）理论上夫妻公司是否为一人公司尚存争议

关于夫妻公司是否为一人公司，从我国现行的公司立法来看，并不能直接得出结论。首先，从文义解释的角度，《公司法》第五十八条第二款将一人有限责任公司定义为"只有一个自然人股东或者一个法人股东的有限责任公司"，更多是从形式上明确了一人公司的构成要件，而具有两个独立自然人股东的夫妻公司显然不符合这一形式外观，因此不能将其直接归入一人公司之列。此外，在司法实践中，也有一些观点认为，要先评估夫妻公司内部是否存在"真实股东"和"名义股东"的关系，以及夫妻股东在公司内部决策和对外经营中是否被视为一个整体，才能判断是否将其认定为实质一人公司。根据"股权经营方式理论"，当一人持有公司股份或出资额的95%～100%（不包括100%），而其余股份或出资额由他人持有时，才可认定为实质上的一人公司，而持有95%～100%股份的股东可视为"真实股东"。初看上述观点似乎很有道理，并且有股权经营方式理论作为支持。但实际上，这种认定实质上的一人公司的方法并不可靠，因为这样的方法很容易被不良用心者所利用。笔者认为，在判断公司是否构成实质上的一人公司时，应综合考虑公司股东之间的关系、股东之间的出资比例、公司收益的流向以及公司重要事项的决策者等因素。此外，还应该从股东的真实意愿表达中进行判断，即该股东是否有意回避法律规定。换言之，笔者并不赞同在实践中将夫妻公司一律视为实质一人公司，而是应当通过立法或司法解释设置相应的判定标准，在个案符合标准的前提下，才对其作出认定似乎更为合理。

（3）实践中夫妻公司法人格否认的举证责任分配存在失衡

承前所述，当夫妻公司满足实质一人公司的构成要件，滥用公司独立人格和股东有限责任损害债权人利益时，笔者赞同参照一人公司法人格否认规则来刺破公司面纱，追究夫妻股东责任。但关于举证责任分配条款的适用，笔者认为应首先澄清《公司法》第二十条和第六十三条之间的关系。普遍认为，现行法律对于实质上一人公司的认定采取举证责任倒置的规则，而对于一般公司则采用“谁主张，谁举证”的原则。但进一步深究就会发现，从系统解释和立法解释的角度来看，夫妻公司法人格否定其实可以同时适用第二十条和第六十三条。首先，根据“法律规整”的逻辑，一人公司法人人格否认的规定应是《公司法》中法人人格否认秩序的一部分，而后者是保护债权人的立法目标的组成部分。只有将第六十三条和第二十条放在更广泛的规整框架下考虑，才能正确理解二者之间的关系。如果一般公司在多种情况下都可以否定其合法人格，而一人公司只有在财产混同的情况下才能否定其合法人格，那么在法理上将会出现解释上的困难——为什么裁判者在更容易滥用法人人格的一人公司中，可以采取的否认措施反而更少？因此，本书认为一人公司不适用第二十条的解释，也不符合《公司法》对一人公司的严格管控意图。其次，在一人公司自证财产独立的举证范围问题上，《公司法》第六十三条虽没有规定具体的范围，但《公司法》第六十二条已经明确指出“一人有限责任公司应当在每一会计年度终了时编制财务会计报告，并经会计师事务所审计”。尽管该条款可用于界定一人公司股东的举证范围，但审计报告不能涵盖所有可能的财产混淆情况，附加一个证明范围的解决方案即便可以减轻一定程度上一人公司的举证责任。平衡举证责任的分配，也难免为一人公司的股东指明了债务逃避的具体路径，使得债权人提出一人公司法人人格混淆的质疑更加难以达到其想要的效果。最后，从证明程度上来看，债权人在举证一人公司存在财产混同时，其举证程度只需要达到一般盖然性从而使法官内心对一人公司独立性存疑即可启动一人公司的自证。而对于一人公司而言，要证明不存在财产混同，其举证与自身财产的独立性必须具备关联性与高度盖然性才能足以使法官相信。可见，单靠扩大举证范围还会在本质上加大一人公司股东的自证难度，造成举证责任分配的失衡。

4. 夫妻公司法人格否认制度的完善路径

（1）明确夫妻公司为实质一人公司的界定标准

从当前的司法判例来看，审判机关认定夫妻公司为实质一人公司的标准主要是从公司股权是否归属于同一个财产权，以及公司是否存在有效的内部监督制衡机制来判断。对于第一个标准的理论相悖性，本节第二部分已进行了阐述，笔者认为将其调整为考察公司股权是否实际归属于“真正股东”一人似乎更为合理。基于此，无必要在公司成立时强制夫妻对所有财产约定双方各自所有，而是考虑立法引导夫妻双方设立公司时，书面约定各自名下登记的股权归各自所有，并提交工商登记备案，以排除夫妻公司股权主体利益的一致性和实质的单一性；另外，需要加强夫妻公司的内部监督，建立并完善夫妻公司的三会治理机制和会议记录查询机制，确保夫妻公司在公司治理层面上规范经营。尤其对夫妻双方都参与公司经营管理的，要按照公司的管理制度，就公司的重大事务及财产处置做好有关会议记录。对夫妻公司不设监事会的，要求建立年度专项报告制度。公司应当对其股东的资金往来准备专项资金报告，依法由会计师事务所审计后，向市场监管机关报告。当公司涉入人格混同的诉讼时，法院可以根据职权或者当事人的申请，直接调取上述相关证据，以便查清事实。

（2）细化夫妻公司法人格否认的适用情形

应当对夫妻公司法人格否认适用情形或者滥用行为的表现形式作进一步详细规定，可以通过列举加兜底等立法方式，处理夫妻公司中可能存在的种种行为，如股东侵占注册资金、转移资产解散公司、逃债等，以及公司和股东的人格、财产、经营管理机构混同等法人形骸化的情况。应保证上述适用情形对夫妻公司经营管理及债权人权益实现具有指导作用，并且能够提供司法裁量的基础。另外，还有必要澄清哪些行为是“严重损害”的行为。通常当夫妻股东滥用公司法人独立地位和股东有限责任行为致使公司财产不足以偿还债权人的债务时，即可认定达到严重损害债权人利益。此时可适用《公司法》第二十条或类推适用《公司法》第六十三条，否认其公司独立人格，并要求夫妻股东承担无限连带责任，向债权人承担全部财产责任。

（3）完善夫妻公司法人格否认的举证责任分配

为了避免在夫妻公司人格否认的举证责任上一方面过重地加重债权人或夫妻股东的举证责任，另一方面又能同时满足《公司法》第二十条和第六十三条的要求。建议采用如下方式：举证责任如何分配，看债权人主张的理由。如债权人的债权是由于夫妻公司和股东财产不分而引起的，则股东对财产分离负有证明责任。否则债权人需举证夫妻公司法人格的滥用。债权人不能举证的，夫妻公司法人格得以延续。申言之，法人格否认在夫妻公司中未必均应适用举证责任倒置规则，也不需要股东和公司财产不区分的情况下才可以提及。公司债权人仍然可依照第二十条规定，证明夫妻公司有其他不充分显示人格独立的情况，说服法官否认其合法人格。

综上所述，健全我国夫妻公司法人格否认制度，关键是要对夫妻公司法人人格否认规则适用标准作进一步的界定与细化。基于对夫妻出资财产的性质及公司财产独立问题的正确分析，对夫妻公司独立人格给予足够尊重与确认。鼓励夫妻股东进行投资，并且推动家庭企业的发展。但在具体个案中，夫妻股东若滥用独立法人身份、股东有限责任，严重侵害了债权人的权益，法官还应在适当时候作出向债权人倾斜的决定，否定夫妻公司法人人格等。因此，应使股东负起相应责任来，以期达到对夫妻股东与债权人之间权益的均衡保护。

二、公司法人治理结构

所谓公司法人治理结构，是指公司行使民事行为能力的管理模式与组织机构。公司法人治理结构有利于公司章程的有效执行，从而使公司的对外交往与生产经营都在法律范围内有序进行。具体来说，公司法人治理结构涉及股东会（股东大会）、董事会、经理、监事会等机构与负责人的职权及权利义务。其中，股东会（股东大会）是公司的权力机构，董事会是公司的权力执行机构，经理是公司的行政事务、经营管理的负责人，监事会是公司的监督管理机构。

（一）董事会

1. 董事会的组成

董事会是由董事所组成的组织。根据我国《公司法》的相关规定，有限责任公司的董事会的成员数量为3～13人，股份有限公司的董事会的成员数量为5～19人。董事通常由符合条件的自然人或法人来担任。当由法人来担任董事时，应根据席位数量来选派符合条件的人作为法人董事的代表。董事确定之后，非经法定程序不可随意更换。

2. 董事会的职责

董事会以公司法和公司章程的规定来对公司进行权力治理，是公司的权力执行机构。由于股东大会与股东会采取会议的形式来展开工作，在闭会期间，董事会可在一定范围内行使公司权力。

根据现代公司治理方式，公司权力由不同机关共同行使，每个机关负责公司权力的一部分。具体来说，公司的决策权由股东大会或股东会来行使，董事会则行使其余的决策权。可见，董事会是公司的权力执行机构，有利于公司保持正常的经营与管理。

3. 董事长

董事会的主持人通常由董事长来担任。此外，董事长在很多情况下都是公司的法定代表人。1993年的《公司法》就对董事长的法定代表人身份进行了明确规定。鉴于各公司的不同情形，2005年的《公司法》进行了适当修改，不再将公司法定代表人确定为董事长的唯一人选，而是将决定权交给股东大会、股东会或公司章程。换句话说，董事长由董事选举产生，是公司首长，除主持董事会的会议之外，还应遵照公司章程或《公司法》的规定来行使权利。如果董事长的行为超越规定权限，则属于个人行为，但为保护交易安全，这种行为仍被视为公司行为，由此产生的权利义务关系以及债权债务关系仍由公司来承担，且债权人可向公司与董事长要求二者之间的连带责任关系。

例如，某旅游公司以咨询、组团等与旅游相关的业务为经营范围，董事长在未经股东大会许可的情况下私自购买一艘渡轮。由于未取得经营资格，该渡轮因长期占用流动资金而为公司带来较大经济损失。当无法对债务进行清偿时，债权人有权要求该旅游公司与董事长承担连带责任。

（二）经理

经理在行使权力时应以公司章程规定的程度为依据来对公司的日常经营与生产负责。如果缺少公司章程的相关规定又没有既成制度可以遵循时，应以《公司法》为标准来履行以下职责：

①负责公司基本规章制度的拟定；

②负责公司日常生产经营管理工作；

③负责公司副经理、财务负责人的聘任与解聘；

④负责公司内部管理机构的设置方案；

⑤负责公司投资议案与年度经营计划的实施；

⑥列席董事会会议；

⑦负责除董事会决定聘任或解聘的管理人员之外的其他管理人员的聘任与解聘；

⑧负责董事会决议的组织与实施；

⑨董事会授予的其他职权。

（三）监事会

1. 监事会的组成

监事会成员由股东大会或股东会选举产生，人数最少为3人。监事可连选连任，每届任期为3年。公司的高级管理人员、董事不得兼任监事。监事会中不仅应有股东代表，还应有不低于三分之一的职工代表，具体比例以公司章程为准。在一些规模较小或股东人数较少的有限责任公司，可以不设立监事会而只设1～2名监事。

2. 监事会会议程序

（1）监事会会议程序

股份有限公司应最少每6个月召开一次监事会会议，有限责任公司应至少每年召开一次监事会会议。如果发生与证券法规定的临时重大事件类似的事件时，监事可提出召开临时监事会会议的提议。

（2）监事会决议

公司章程应对监事会的表决程序与议事方式进行规定，且应与《公司法》的规定相一致。每个监事拥有一票表决权，得到半数以上表决权时，监事会决议方能通过。监事会所议事项应留有会议记录，会议记录应由全体出席会议的监事签名，以此作为判断监事是否履责的书面证明。

3. 监事会的职权

监事会的职权主要是对公司高层管理人员进行监督检查，是否遵守公司章程与法律法规的相关规定以及是否履行董事义务是主要监查内容。监事会在进行监督检查时，应以《公司法》的相关规定以及公司章程为主要依据。具体来说，应重点对以下事项进行检查。

①提出召开临时股东会或股东大会的提议。如果董事会未能召集、主持股东会或股东大会，应由监事会负责股东大会、股东会的召集与主持；

②当发现公司高级管理人员、董事出现损害公司利益的行为时，向公司高级管理人员、董事提出予以纠正的要求；

③负责对公司高级管理人员、董事的职务行为的日常监督，如果发现有违反股东会决议、公司章程、行政法规、法律的情况，可提出对相关高级管理人员、董事的罢免建议；

④以《公司法》第一百五十二条的规定为依据向公司高级管理人员、董事提起诉讼；

⑤负责公司财务状况的合法性检查；

⑥向股东会会议提出提案；

⑦公司章程规定的其他职权。

4. 监事的职权

（1）质询权

监事不仅有权对公司的日常管理、经营、生产及其他事务进行监督，还有权列席董事会会议。此外，如果监事对董事会的决议事项提出建议或质询，董事会及相关董事应给予及时、完全的回应。

（2）调查权

如果监事会发现公司的经营出现异常，有权利围绕相关情形展开调查。在不设立监事会的公司，监事也享有同样的权利。如果自行调查不足以查清事实真相，监事会或监事有权利聘请中介机构（如审计师事务所、注册会计师事务所等）协助调查，公司应承担由此产生的费用。

（3）监事的继续履职责任

如果由于任期内的监事提出辞职而使监事会成员数量低于法定人数，或者监事任期已满却没能及时进行改选，应及时进行改选，以保证监事会有效履行职责。在改选出的新监事到任前，应仍由原监事来继续履行监事职责。

三、完善公司法人治理结构的思考

（一）公司法人治理结构

法人治理结构是现代企业管理构成中最基本的要素，是企业制度体系中最重要的架构，它包括促进公司正常运作所必需的管理制度、内控机制以及管理体系等。法人治理结构是处理公司内部的股东成员、董监事和经理层成员等之间的关系，通过制度体系来确定公司投资者、决策者、经营者、监督者之间的权利、责任和义务，构建起责权利分明、协调配合又相互制衡的现代公司治理体系。法人治理结构是以公司的法人财产权制度为基础，形成的包括公司组织架构方式、管理控制机制、利益分配方式等在内的各种制度、规则及机构的集合，处理所有权与经营权分离而产生的委托代理关系，通过制度体系来规范运营行为，让公司内部参与治理的各成员在以公司的名义从事生产经营活动时，不损害公司及其他成员的合法权益，达到平衡公司各相关者的利益。

（二）国有企业法人治理结构的要求

国有企业是党领导的国家治理体系的关键要素，是中国特色社会主义发展的重要物质基础、经济基础，国有企业从规模速度到质量效率的提速升级，对国民经济的发展具有十分重大的意义。党的十八大以来，党中央尤为重视国资国企工作，自2020年起，在全面总结工作经验的基础上，新一轮的国有企业改革在全国范围内正式启动。《国有企业改革三年行动方案（2020—2022年）》的重点内容包括建设完善中国特色现代企业制度，并使之在实际运行中更加成熟高效，而现代企业制度构建的基础关键环节就是完善法人治理结构，因为完善的法人治理结构是企业规范管理的基础，可以为制度建设、决策优化提供基础支持，更是企业发展顺应时代要求的必备条件。从实践经验来看，坚持中国共产党的领导、加强企业内党的建设，是国有企业的根基，是国有企业的力量源泉。在新形势下，做实党的领导与公司治理的融合，并通过制度体系的完善建设、有效运行，促使党的领导和公司治理的高度统一和有机融合，这是经济发展对完善国企法人治理结构的新的更高的要求。

（三）国有企业法人治理结构现状分析

完善的法人治理结构是多年以来我国国有企业深化改革、全面变革着力要解决的突出问题，虽然经过几轮的改革，在建立现代企业管理制度基础上，大多数的企业也建立了以股东大会、董事会和监事会等为基本架构的法制化的雏形，法人治理结构逐步趋于健全和完善，但是部分国有企业的法人治理结构还是很弱的，突出表现为治理主体定位模糊、规则缺失，缺位、越位、错位的现象时有发生。具体到工作实践中，我国国企治理的参与主体有6个，即作为基础治理主体的党组织、董事会、经理层和作为支撑治理主体的股东会、监事会、职代会，要完善国企法人治理结构就要从“三会一层”出发，分析国有企业法人治理结构的现状。

1. 党组织弱化

国有企业性质特殊，必须坚持党性，但是不少国有企业的章程中关于党建工作仅仅只是简单地套用公司法及有关法律法规的表述，并未涉及具体的、具有可操作性的内容，党建工作往往存在弱化、淡化、虚化、边缘化的现象，使得党组织在企业治理中的领导核心作用的发挥受到限制。若要推动党组织内嵌到公司的治理体系当中，必然会引起企业内部各治理主体的权责重构，如果不对原有的法人治理体系的权责进行重新分配优化，党组织作用发挥不充分，党组织与董事会、经理层责任边界模糊以及党组织权责不对等的一系列问题必然无法得到有效解决。

2. 所有者缺位

股东会是公司的权力机构，公司法确认了公司法人的财产权和自主经营权，出资人机构依据法律法规和公司章程的相关规定行使所有者即公司股东的权利、履行所有者即公司股东的义务。然而，虽然经过了多次改革，我国绝大多数的国有企业，都是国有股东处于绝对控股地位，甚至由国家完全控股，在实际中公司法人实体地位难以实现，国家对公司的产权并没有直接具体的约束力，使得公司法赋予的权责不能真正落地。更有甚者，部分国有企业为求效率、避免麻烦，以董事会会议形式来替代股东会会议越位决策，将制度视若无物。由什么机构或人员来代表国家履行股东的责权利是迫切需要解决的问题，否则将严重破坏公司的法人财产权和自主经营权以及已经组建的公司法人治理结构。

3. 董事会虚设

按照法律法规以及章程规定，董事会对股东负责，受股东的委托，代表股东进行决策，在公司治理中居于核心的地位。但在实际经济运行过程中，一些国有企业的董事会形同虚设，没有独立性和权威性，仅仅是为了形式上满足国家法规政策的要求，职权未能落实到位。同时，董事会的成员与经理层的成员往往高度重合，外部董事占比很小，加之董事履职水平参差不齐，又缺乏专业委员会，董事会研究的事项，经理层同一拨人又研究，效率不高，质量也低，发挥不出董事会机构应有的决策职能，更难发挥法定授权的董事会对经理层的监督约束作用。

4. 经理层失责

经理层作为公司的常设执行机构，依照法律法规和公司章程，由董事会直接聘任或者解聘，同时接受董事会的管理和监事会的监督。但在具体的实践中，经理层往往由企业的组织部门提名，而非由董事会聘任，市场化选聘职业经理人的制度落实就显得尤为困难，完全不能有效体现出董事会和经理层间的委托代理关系，且在企业运行过程中，经理层经营自主权限制越来越多，法人治理结构对经理层的激励机制存在空缺，破坏了法人治理结构中相互促进又层层制衡的关系。

5. 监事会失效

监事会是公司的监督机构，在法律法规和公司章程的规定权限下，对董事会和经理层的职务行为进行监督。但国有企业的监事会往往没有规范畅通的信息获取渠道，信息获取也多集中于列席董事会会议，这些信息或多或少都存在着“限量供应”“选择供应”的可能，使得监事会无法实时准确掌握包括董事会、经营层运作情况在内的企业的运营情况，严重制约其有效监督作用的发挥，部分监事会成员尤其是职工监事，作为公司的职工在实际工作中也不太可能对董事会、经理层形成实质性的有效监督，甚至存在完成任务的心态。

（四）完善国有企业法人治理结构的路径

鉴于国企法人治理结构中存在的问题，完善国有企业法人治理结构可以从以下两个方面着手：一是建立健全职责清晰、运转高效的决策议事机构，提高其专业能力，确保各治理主体的运行分工明确、权责清晰；二是建立健全制度完善、运转高效的决策运行机制，确保党领导的国有企业充分发挥党委会的政治、思想和组织领导作用，最终实现党管理企业，进而提高国有企业竞争力的目标。在具体的实践中，完善国有企业法人治理结构的关键是处理协调好各治理主体之间的关系，就是要全面落实两个“一以贯之”，准确把握党组织“把方向、管大局、促落实”，董事会“定战略、做决策、防风险”，经理层“谋经营、抓落实、强管理”的职责定位，同时加快构建完善党组织、董事会、经理层及其他治理主体“各司其职、各负其责、协调运转、有效制衡”的治理机制，推动国有企业法人治理结构不断健全完善，提高企业的发展活力和市场竞争力。

1. 发挥党组织的领导作用

国有企业党组织要充分发挥党组织的领导作用，切实做到“把方向、管大局、促落实”，促进法人治理结构和加强党建工作的有机有效融合，加强其统筹协调、决策监督作用，发挥其政治领导核心作用。将党建工作全面纳入公司章程，对党组织在企业治理中的法定地位予以规范明确，推进党组织、经济组织平行不分离；制订前置研究讨论事项清单，加强国有企业党组织管党治党，党组织参与企业的重大经营决策，在企业改革中坚持“四同步”“四对接”，执行“双向进入，交叉任职”领导机制，做到党组织与经济组织并行而不矛盾，党组织全面履行党风廉政主体责任，班子成员认真落实“一岗双责”，切实打通国有企业法人治理结构党建引领发展的“事前一公里”和“最后一公里”。

2. 加强董事会建设，提升董事会运行质量

要加快完善中国特色现代企业制度，促进加强党的领导与完善公司治理深度统一，就必须全面配齐企业的董事会，推动董事会有效运行，发挥董事会的决策作用，就要从内部结构、机制设置和履职人员选聘方面着手。国有企业要进一步细化完善董事会的工作制度，明晰董事会职能定位、工作范

围，确保董事会依法依规行使其职权；要进一步优化董事会的决策程序，将“集体审议，独立表决，个人负责”的决策形式落实执行到位，并探索推行信息公开制度，对经由董事会会议决议形成的重大决策事项，按相关规定在一定范围内予以对外披露；分类优化董事会人员的结构，拓宽选拔渠道，选拔一些综合能力高的董事会成员，进一步加大外部董事在配置中的占比，形成外部董事占多数的董事会人员结构；通过内部民主选举发挥职工代表会的作用，能够代表最广大职工利益的员工通过合法程序成为职工董事、进入董事会参与决策；加强董事会下设的各类专业委员会的建设，协助和支持董事会为科学决策提供支持。对于国有企业的董事会建设，不论是配齐建强专职外部董事队伍、促进外部董事履职尽责，还是分类分批落实企业董事会的法定职权、设立专门委员会、建立决议跟踪落实及评估考核机制，其核心都是要增强董事会决策能力和整体功能，提升运行质量。

3. 以监事会为核心，强化监督体系建设

监事会是企业内依据法律法规和章程的规定设置的监督机构，重点是对公司董事会经理层等的履行职责情况、公司的财务经营状况等重要领域、关键环节进行有效监督，纠正公司以及董事、经理层成员在经营活动中的违规行为，并定期公开企业有关重大事项信息，促进企业出资人与企业经营者的发展目标、经济行为、个人利益相统一。国有企业监事会建设的基础工作是理顺监事会，主要包括优化监事会的人员配备，完善监事会的管理职责和议事规则。尤其是在监事会建设方面，要严格落实职工监事在监事会中的比例要求，有条件的国企也可以探索提高专职监事的配备占比。在监事会工作推进过程中，要继续发挥国有企业“老三会”的积极作用，着力构建大监督体系，在将工会、职代会有效融入的同时，突出企业内部纪检监察、财务审计等部门间的联动配合，实现对高管履职、重大决策、经营行为等各方情况的立体式监督，有条件的可以建立定期会商机制，推进国有企业更广泛、更深层的监督。

4. 推行职业经理人，激发企业经理层活力

经理层是公司的执行机构，负责企业的日常经营管理等工作，结合国有企业特点，需要编制总经理和经理层的职责清单，并制订与之相适宜的工作机制和监督机制；在经理层人员的选、育、管、用等方面，要在不断优化配

置、立足自身培养的同时，试行外引进，并探索经理层的企业管理和任期制考核等模式，逐步规范经理层的授权管理、任期制管理和绩效考核等考评机制，促进经理层人员正确履职、高效工作。

5. 规范集体决策，确保合法合规

国有企业要着力完善在公司法及相关法律法规前提下，以公司章程为核心，以系列行为规范、议事规则等相关的制度为保障，以全面依法依规治企为支撑的现代企业治理体系。国有企业的各决策机构，无论是党组织、董事会还是监事会和经理层，都必须明晰职责权限，规范议事范围及规则，完善决策清单，形成法人治理结构的制度保障，并严格按照规定规范决策酝酿、形成、执行等各阶段工作，形成有效的集体决策，全面提升依法治企和合规管理能力。

总之，国有企业要从实际出发，按照产权责任清晰、权责界定明确、管理科学现代的要求，积极主动顺应改革发展要求，以坚持党的领导、加强党的建设为根基，明晰并处理好各治理主体之间的关系，健全“各司其职、各负其责、协调运转、有效制衡”的企业治理结构。

第三节 一人有限责任公司

经济全球化的发展使经济主体的形式越来越灵活，一人有限责任公司就是一个典型的例子。本节就对其概念、特征、设立、组织机构以及法人资格等进行分析。

一、一人有限责任公司的概念与特征

（一）一人有限责任公司的概念

简单来说，所谓一人有限责任公司，就是只有一个法人股东或者一个自然人股东的有限责任公司，简称“一人公司”。

随着市场经济的不断深入，一人公司应运而生。然而，从各国的立法情况来看，一人公司大都经历了一个从被禁止到获得承认的过程。我国新《公司法》于2006年1月1日起实施，它对一人有限责任公司的法律地位予以确认，并对其组织机构、设立条件、出资方式、注册资本额、财务审计以及法人资格等进行了具体规定。

（二）一人有限责任公司的特征

一般来说，一人有限责任公司的特征主要表现为以下几个方面。

1. 责任的有限性

一人公司的股东对公司债务承担有限责任时，以其出资为限。公司对债务独立承担责任时，以其全部资产为限。

2. 股东的单一性

一人有限责任公司既可由一个自然人发起设立，也可通过股份转让的方式而造成一人持有全部股份的结果。无论是哪一种情况，公司在其成立或存续期间，股东仅为一人。有时，尽管从名义上或形式上来看，股东有两人或两人以上，但公司的真实股东只能是一个法人或一个自然人。

3. 资本的单一性

无论从形式上还是实质上看，公司的全部财产都归单个股东所有，这就使股东成为唯一的投资者，这对于实现经济效率最大化以及最大限度地规避经营风险都大有裨益。

4. 治理结构的特殊性

大部分公司都采取三会并立的治理结构，即股东会、董事会与监事会的三会并立。但是，由于一人有限责任公司中的股东与资本都具有单一性，这就决定了三会并立的结构在一人公司中无须设立。

二、一人有限责任公司的设立与组织机构

（一）一人有限责任公司的设立

根据我国《公司法》第五十七条第一款的规定，“一人有限责任公司的设立和组织机构，适用本节规定；本节没有规定的，适用本章第一节、第二节的规定”。因此，除法律另有规定以外，一人有限责任公司的设立应与一般的有限责任公司一致，具体应满足以下三个方面的要求。

1. 章程

因为一人有限责任公司只有一个股东，所以公司章程由股东来制订。

2. 股东

根据《公司法》的规定，一个自然人只能投资设立一家一人有限责任公司，而且该一人有限责任公司不能再投资设立新的一人有限责任公司。之所以做出这样的规定，是由于如果允许一个自然人投资设立若干家一人有限责任公司，则极易造成公司资产薄弱、偿债能力降低以及转移资产的情况。

3. 特别要求

根据《公司法》的规定，一人有限责任公司在进行公司登记时，应注明法人独资或自然人独资。这一信息在公司营业执照中也应载明。之所以做出这样的规定，是为了使第三人能够清楚地了解公司股东的信息，从而保护其合法利益。

（二）一人有限责任公司的组织机构

根据《公司法》第六十一条的规定，“一人有限责任公司不设股东会。

股东作出本法第三十八条第一款所列决定时，应当采用书面形式，并由股东签名后置备于公司”。为了使债权人的利益得到最大限度的保护，防止一人有限责任公司由于经营者与所有者不分而出现欺诈行为，《公司法》做出了上述规定。此外，一人有限责任公司的董事会与监事会的问题在《公司法》中没有规定。

三、一人有限责任公司的法人资格

根据《公司法》第六十三条的规定，“一人有限责任公司的股东不能证明公司财产独立于股东自己的财产的，应当对公司债务承担连带责任”。

一人有限责任公司所具有的股东单一性使其缺少一般有限责任公司中股东间的相互制约，这就容易带来一些风险，如回避契约义务、欺诈债权人、以公司名义为与公司利益无关的事项提供担保或借贷、侵占公司财产以及非法转移、隐匿或挪用公司财产等。因此，《公司法》进行了上述规定。

四、公司法中债权人保护法律问题

在市场经济体制形成后，我国各行各业企业数量快速增长，以往的法律法规难以保障市场经营主体的权益，为更好地保障企业经营者的利益，我国出台了《公司法》，能够有效保障公司利益及债权人利益。该法律在实施过程中，主要以企业内部管理和外部经营活动作为主要调整方向，能够有效保护公司交易安全。但是，现有《公司法》在落实中，并没有产生较好的成效，还会影响到企业债权人的利益，阻碍企业市场的持续发展。

在市场经济中，企业是非常重要的参与主体，但是企业经营活动中会涉及很多债权人，传统契约关系往往无法保障债权人利益，为此国家出台了相关法律保护各类合法交易行为。从现有市场环境来说，企业经营过程中有着非常多的风险因素，很容易因市场竞争激烈造成大量中小企业破产。《公司法》具有有效保障安全交易、提升公司效率等优势，也只有完善债权人保护制度，才能确保《公司法》作用的发挥，确保市场经营活动的有序进行。

（一）《公司法》中债权人保护法律问题分析

1. 缺乏完善信息披露制度，影响交易资金收回

从现有的《公司法》来看，没有结合当前市场经济环境、企业经营活动等明确的信息披露制度，导致债权人难以了解企业全面的信息数据和业务真实情况，很容易造成重大经济损失。随着工商部门对企业注册资本的调整，公司章程和以往相比增加许多，但是法律制度中对公司章程的权限有着明确规定，只有股东可以查看，其他人员没有权利。这就会造成债权人没有办法指导公司经营情况和战略规划的现象。除此之外，《公司法》对财务管理方面有着严格限定，任何人想要查阅财务资料，都需要经过烦琐的申请，对债权人限制更加严格，导致债权人只能从股东方获取财务信息，这就会造成部分股东为了利益关系做出一些违规行为，如提供虚假财务资料、拒绝申请等。从《公司法》的第一百六十五条可以得知，股东有权利查阅所有公司的经营资料，也可以关注业务活动的开展情况，但是仅仅给予股东知情权，并没有从公司经营管理方面给予债权人相应的知情权。这就会造成债权人很多时候处于不利地位，在投入大量资金过程中，不了解公司的实际情况，很容易形成错误决策，造成大量投入资本无法收回。

2. 缺乏完善人格否认制度，导致权力滥用

在现有市场环境下，法律是需要保护债权人的权益的，这需要发挥公司法人人格否认制度，但是在现有司法实践过程中往往没有产生较好的作用。从大量司法实践过程中分析，大量公司在经营管理中，股东行为很容易超过法律现有规定，权力滥用是很正常的现象，导致无法很好地协调债权人和股东的关系，使得二者产生众多矛盾。基于现有法律规定，更多是笼统性的规范，没有从细节方面进行明确，大量公司法人往往因独立人格做出不合理的法人行为，这种行为是超出注册资本制度规定的，加上司法体系中没有太多的实践经验，没有对其进行合理控制，这就会造成司法过程中没有办法使用

法人人格否认制度对其进行调整。

3.缺乏规范出资流程，浪费司法资源

任何公司建立初期都需要相应的启动资产，都需要公司的各个股东进行出资，才能确保公司的成立，也保障前期的有序经营。但是在现有资本制度的规定下，一般情况下只需要股东认缴就可以，公司可以从出资约定协议中决定每个股东的认缴金额，这种规定往往存在较多缺陷。有的股东合作初期都没有履行好出资义务，甚至会较长时间没有进行资本支付；有的股东超过合同约定期限或者法律规定期限后都没有进行出资。这种情况一般都可以使用违约金制度对其进行约束，一旦超过期限未进行支付，就可以得到相应的违约金，如果还是不能按时给予相应的资金，则可以直接向法院提出诉讼。这一点从《公司法》的现有规定来看是可以的，股东需要承担相应的出资义务，没有按时履行该义务的，能够提起诉讼，甚至对债权人产生伤害时，也需要承担相应的法律责任。并且，现代社会经济环境越来越便于公司开展经营活动，促使大量公司增加，导致股东出资流程更加混乱，一旦完全依托法律制度对该问题进行解决，很容易造成司法资源的严重浪费。

4.缺乏完善治理机制，影响信用体系

公司在经营活动中，每个参与者都要承担相应的责任和义务，在企业治理机制中，应当利用相应的文件，如公司章程、出资证明等，帮助股东、债权人等保护好各自的权益，对股东权利进行限制。并且，信用体系能够预防经济活动中的风险隐患，能够让公司更好地应对经济环境所带来的压力，也能确保企业按时履行义务，及时对相应债务进行偿还，确保公司有较高的信誉保障。一般情况下，公司债务偿还能力的高低和债权人有着直接关系，就当前的市场环境来说，大部分企业都存在欺诈、内幕交易等行为，上市公司也不例外，导致现有法律体系没有办法对债权人进行保护。有限责任公司是我国企业成立的一种方式，一般情况下，债权人无法受到公司章程的保护，这就造成公司相关股东会利用部分信用信息进行造假，让更多债权人相信公司经营情况很好。这一点从现有《公司法》和《中华人民共和国企业破产法》（以下简称《企业破产法》）等商业法律体系中都可以看出，没有对信用体系和企业治理等方面进行明确的规定，导致司法活动有大量侵害债权人的案例。

（二）提升公司法中债权人保护的措施

1. 健全信息披露机制，保障信息安全质量

要使用现有法律对债权人的合理权益进行保护，需要对信息披露机制进行完善，以要求公司对财务管理制度进行完善，出具各类高质量客观的财务报表，能够有效呈现公司的资金使用情况。《公司法》需要从当前的司法实践中，对没有在法律中规定的部分进行完善，将其纳入法律管理范围中，让债权人可以追索到股东。每一个公司都需要结合自身经营情况，对信用情况进行披露，因为我国企业出现的各类信用问题非常严重，这要求债权人应该对公司信用情况进行了解，并且结合公司信用活动做出客观的决策。在信用披露过程中，公司应该重视对不合理的信用行为的披露，确保债权人可以查询到相关信息，也可以从有关机构进行调查，以此保障公司披露信息的正确性。《公司法》需要对公司信息披露范围和形式作出明确的规定，要从债权人的合法权益出发，让公司经营者提供客观的信息数据，保障债权人合理权益不受损失。因此，在信息披露制度的完善中，公司会将各类信息进行准确披露，让债权人获得真实有效的信息资料，可以对公司经营情况进行分析，从而判断公司是否具有盈利点和发展空间，以此保障债权人权益。

2. 健全人格否认制度，保障债权人合法权益

《公司法》应该从司法实践方面进行规定，将原告和被告的法律界限进行明确划分，借助法人人格否认制度，当债权人作为原告时，应当提供真实有效的法人不正当使用权利的资料，以及对债权人造成伤害的资料。被告在范围划分中，主要将控股股东划分进去，使用有限责任制度对债权人造成相应的损害。债权人通过对公司信息资料进行全面了解后，应该履行该制度的相关约定，对公司实际股东进行诉讼，这需要公司债权人确定公司股东存在违法行为后，能够要求司法机构对其进行惩罚，让相应股东承担连带责任。有的债权人是有着双重身份的，既可以作为债权人，也可以作为债务人，需要承担多种责任和义务，这就需要司法机构结合相应的事实情况，判断其承担何种责任。因此，要对现有的法人人格否认制度进行分析，结合现有司法实践，对各类问题进行总结，逐步对相关内容进行完善，有效确保法人在没有合法使用权利的过程中，能够利用相关的法律依据对其进行制约，保障债

权人的合法权益不受侵害。

3. 明确出资流程，规范权力使用

《公司法》在制定中，需要保护债权人的合法权益，使用股东投资效益降低经营成本，确保各项活动可以有序进行。结合公司类型，明确注册资本界限，也要合理确定出资期限。除此之外，债权人需要关注公司注册资本的情况，也要结合出资期限进行分析，判断其是否有违背法律规定的地方，一旦没有按照法律规定进行出资设置和份额缴纳，应当让所有股东承担连带责任，并且董事可以召集其他股东进行催促。这需要在法律上对出资期限进行明确，并且对股东行为、公司债务等进行规定。债权人需要结合相关法律，对股东履行义务的情况进行分析，一旦没有履行相应义务，应该使用连带责任进行约束。这要求加强管理层的权责意识，确保债权人的合理权益得以实现。从债权债务分析来看，其本身存在不可转让的特点，也有着严格的人身性质规定，但是现有市场经济体制持续改革，频繁出现债务、债权的转移行为。加上我国大量债权人没有较强的保护意识，市场透明度不足，这就导致债权人往往会付出较多成本。在最新颁布的法律中，对股东出资流程进行了明确，如能够使用非货币资产的价值，使用股东大会对相应的权益进行合理分配，以此对产生的各类损失进行弥补，也可以扩大企业经营规模。还可以有效预防公司各位股东侵占资产的情况，以此保障债权人的财产安全。公司在经营过程中，资产流动变化非常快，在资金投入过程会存在较多因素的限制。因此，《公司法》需要对利益分配进行合理规定，从公司长远发展战略角度进行考虑，保障公司资本的稳定性，对资本减少的行为进行监督。债权人的合法权益要得到有利保护，对股东出资流程应当有明确的规定，不同公司成立方式，应该有相应的出资规定，并且要设置相应的缴纳期限，一旦没有及时进行出资，可以使用法律制度对其进行约束，促使其可以按照规定缴纳相应的资金，以此确保债权人的合法权益得到保护，也可以推动市场经济环境的稳定发展。

4. 合理采用公司治理，有效建立信用评价体系

在现代市场环境中，对公司治理的有效方式是公司章程，能够对公司经营活动参与者进行合理控制，也可以对股东权利进行合理划分，有利于限制股东行为。因此，应当制定科学合理的公司章程，以此保障债权人合法权

益。首先，应该保障市场各项信息的准确性，要知晓现代市场经济环境中的竞争压力，通过信用机制实现处罚目的，对违背信息披露制度的人员进行惩罚。例如，首先，可以设置相应的黑名单制度，将违背公司要求的企业或者个人记入黑名单，限制其参与到市场活动中，有效确保公司建立科学合理的信用评价体系，给债权人提供更多的保障。其次，要对公司管理层进行明确，不同的部门需要不同的管理者承担相应的责任，但是现阶段对企业管理层并未做出明确的规定，要求积极借助其他国家的先进做法，构建科学合理的业务决策机制。公司股东和债权人可以利用不同的第三方机构对管理层进行监督，承担相应责任的第三方机构负有信托义务。《公司法》应该保障第三方机构可以承担相应的责任和义务，确保这种信托关系可以有效维持，一旦没有履行其规定的义务，需要承担相应的法律责任。在特定情况下，股东需要承担相应的经济责任，第三方机构可以获取公司的各类经营信息，有效保障资料信息的合理性，并且利用信用评价体系，有效保障债权人的合法权益。

在市场经济环境下，债权人的合法权益需要受到法律的保护，这有利于维护公平合法的市场经营环境，促进我国国民经济的繁荣发展。一般情况下，《公司法》对债权人的保护过程存在于所有的经营活动中，但是在实际使用过程中受到了众多因素的限制，给债权人带来了很大的经济风险。只有科学合理地使用《公司法》，才能有效保障债权人的合法权益，增强公司的市场竞争力，推动市场经济的高质量发展。因此，《公司法》应该对相关制度进行完善，并且引入其他国家的合理做法，逐步实施细节化、全面化等公司法律制度，更好地保护债权人的合法权益。

第四节　公司法相关案例分析

一、案例介绍

赵某为原告，周某与赵某某为被告。两被告为夫妻关系，原告赵某与被告赵某某为父子关系。某市大明包装印务有限公司（以下简称“印务公司”）是在工商部门登记成立的正规公司，原告与被告等三人为记载的股东。公司注册资本为120万元，其中包括赵某的70万元现金以及两被告在山水湖印刷厂（以下简称“印刷厂”）的设备价值各25万元。上述出资情况与验资报告记载完全一致。工商登记材料中所记载的股东均为上述三人。但是，印刷厂系赵某的个人独资企业，两被告对印刷厂并无财产权益。同时，印务公司自成立之日起既未给股东签发出资证明，也未向股东分配红利，但被告不仅参与公司的经营管理，还在若干份董事会决议上签字。

原告诉至人民法院，请求将两被告名下42%的股权归其所有。原告的理由是，印务公司是有限责任公司，根据法律规定应至少有两名股东，因此在申请成立时借用了两被告的名义，但两被告没有进行实际出资。

被告辩称，其系经国家登记机关确认的原始股东，审计报告与公司章程都对其投资额进行过确认。所投入设备系投入公司之前原告赠与。

法院审理后认为，被告的主张不予认定，因其未能提供相关证据。根据公司设立的登记文件以及公司章程，原告与被告等三人都是公司股东，但是从注册资本的来源来分析，两被告未向印务公司实际投入任何资本，因此双方有争议的50万元注册资本应认定为由原告所投入。

二、案例分析

从理论上看，对公司股东资格进行认定时所采纳的证据可分为两类：形式要件与实质要件。所谓形式要件，是指为公众所认知的股东资格形式，包括公司发给股东的出资证明书或股票、公司登记机关的登记、股东名册的记载、公司章程的记载等。所谓实质要件，是指股东的实际出资、对股东权利的实际行使等。具体到本案，从形式要件来看，除出资证明书外，两被告具备了其他的形式要件；从实质要件来看，两被告对股东权利进行了实际的行使。但是，两被告并未进行实际的出资。在这样的情况下，其股东资格是否应得到确认就成为争论的焦点。

首先，尽管民事司法着力对当事人的真实意思进行探究，商法却严格遵循外观主义。在司法实践中，当内心真意与外观表示出现冲突时，外观主义在判断商事行为的效果时通常以法律事实或交易当事人的法律行为外观标准。根据商法的外观主义，在股东名册、工商登记材料中出现的股东应认定其具有股东资格，这有利于加强对公司外部人的依赖利益的保护，也能有效禁止当事人反言。

其次，人合性是有限责任公司得以设立、存续的重要前提，也是其基本特征之一，而有限责任公司的人合性是通过股东之间的相互信任与承认来维系的。一般来说，如果当事人长期以来以股东身份来行使股东权利，就表明公司已在事实上承认了其股东身份，而其是否实际出资已对股东身份的认定不构成影响；如果将实际出资人认定为股东而否定其股东身份，不仅有可能对公司的人合性带来消极影响，还是对其他股东真实意思的违反。

第三章　税法相关理论与应用

税法是调整税收征纳关系的法律规范的总称，调整国家与社会成员在征纳税上的权利与义务关系，保障国家利益和纳税人合法权益，是国家干预市场经济的重要机制，主要由税法制度、流转税、所得税、财产和行为税等部分组成。

第一节　税法制度

税收是一个国家的政府为了能够满足社会公众的需求，凭借社会公共权利而依法建立的制度以及能够重新进行国民收入分配的一种形式，其主要职能是满足国家的基本财政需要和对经济建设过程实施有效调控。它具有强制性、无偿性、固定性等特征。

一、税法的概念

一般而言，税法是调整纳税收入关系的法律规范的总称。它是经济法的重要部门法，在经济法的宏观调控法中居于重要的地位。税法所调整的税收关系的范围不能过宽也不能过窄，是税法所特定的调整内容，不应将其他的法律法规所调整的社会关系包含在其中。依据法律规定，税法调整的税收关系包括如下几个方面：

①税收管理体制关系。国家权力机关与国家行政机关之间、上级国家机关与下级国家机关之间制定及解释税收法律规范、税的开征与停征以及减免等的权限分工和责权分工关系。

②税收收益分配关系。税收收益分配关系亦即税收收入基于税权的划分而在各级政府间进行分配而产生的关系。

③税收征纳关系。征税主体与纳税人在税收征纳过程中所形成的权利义务关系，具体又可分为税收实体关系和税收程序关系。

④税收监督关系。在税收征收的过程时，征收主体和纳税主体之间需要建立一种互相监督的形式，来督促征税主体能够依法履行征收税务的职责，使纳税人依法履行纳税的义务。

二、税法的构成要素

税法的构成要素是指构成税收法律制度的基本元素。税法构成要素一般包括征税主体与纳税主体、征税客体（又称“征税对象”）、税目、计税依据、税率、纳税环节、纳税期限和纳税地点。

（一）征税主体与纳税主体

征税主体指的是能够代表国家行使征税权的税务机关、地方财政局和海关等。

纳税主体就是纳税人，是根据税法的规定负有纳税义务的社会上的个人与组织。每一个税种都有相应的纳税人。为了使税收收入不流失，税收还实行税源缴扣原则，是指规定可以由社会组织和个人代缴代扣的纳税义务。

纳税义务人与赋税人有时是一致的，纳税义务人就是税款的实际负担人，但也会存在不一致的情况，如在有些情况下，纳税义务人是生产和销售的企业，而实际的赋税人是指消费商品的人，这种税负转移现象就是税负转嫁。

（二）征税对象

征税对象是指对哪种物品需要征税，即在税收法律关系中纳税双方权利义务共同指向的客体或者客观的事物。它主要是区分不同的税种的一种标志。例如，流转税的征税对象是流转额，所得税的征税对象是所得额。

（三）税目

税目是税法中所规定征税对象的具体项目，反映的是征税的具体范围，代表的是征税的广泛度。税目的作用在于明确征税对象的具体范围，以此制定出不同高低的税率，目的是体现国家的鼓励与限制政策。

（四）计税依据

计税依据是计算应纳税额的依据。不同的税种有不同的计税依据，如营业税的计税依据为营业额。计税依据还有计税金额与计税数量之分，即采用从价计征和从量计征方法计税，如原油的资源税是按原油的产量以吨定额计税，即从量计征。

（五）税率

税率是指在征税过程中所应征税额与征税对象之间的比例，是税收制度的中心环节，也是计算应征税额的标准。税率的高低，直接反映一个国家在一定时期内制定的税收政策和经济政策，直接关系到国家和纳税人的收入与负担情况，税率是衡量税负轻重的重要标志。

（六）纳税环节

纳税环节是指在相关的纳税规定中对需要缴纳税款的商品缴纳税款的环节，其能够确定一种税在哪几个环节中征收，如生产环节、批发环节、零售环节等。

（七）纳税期限和纳税地点

纳税期限是根据税法的规定，纳税人缴纳税款的期限。税法规定不同的税收都有其缴纳的期限，这是由税收的及时性所决定的。税法规定按日、月、季度或纳税年度纳税，有的按次纳税，即按从事应税行为的次数纳税。

纳税地点是征税的地方，以一般纳税人的所在地以及征税的对象所在地、应纳税行为发生地为纳税地点。

第二节　流转税法律制度

流转税是以流转额为课税对象而设计征收的税种的统称。流转税一直在我国的市场经济中处于主导地位。流转税的课税对象是商品和非商品之间的流转额，一般它们之间的流转额大小不受提供商品和劳务的成本、费用高低的影响，纳税人要纳税的前提是具有销售收入和劳务收入，即在生产流通过程中征税。

一、增值税

我国增值税所指的是在中国境内进行销售、加工、修理货物以及劳务，或者以个人或单位名义进口货物，实现的增值额为征税对象所征收的一种税。我国增值税的基本法律依据是1993年12月国务院发布的《增值税暂行条例》（2017年11月19日第二次修订，以下简称《增值税暂行条例》）和财政部制定的《中华人民共和国增值税暂行条例实施细则》等。

（一）纳税人

1. 一般规定

凡是在我国境内所销售以及出口的货物、商品所提供的应税劳务的个人与企业都是增值税的纳税义务人，主要包括企业和行政单位、各种事业单位、军事企业单位、社会团体和其他个体户工商单位等。企业将其自身所具备的一些便利条件承包或者租赁给他人的，纳税的义务人就是承包者和租赁者。境外的单位或者个人在境内进行销售却没有经营的机构，则进行缴纳税款的纳税人为缴扣代理人，在没有代理人的情况下，购买者则为缴扣义务人。

2. 特殊规定

为了对增值税征收进行严格管理，国家在《增值税暂行条例》中将纳税人分为一般纳税人和小规模纳税人，其是根据纳税人的企业经营规模的大小和会计核算是否健全来进行划分的。

对于小规模的纳税人的认定标准：从事货物生产以及主要为生产货物提供应税劳务的纳税人，并兼营货物批发或者零售的纳税人，年应税销售额在50万元以下的；其他纳税人年应税销售额在80万元以下的。对于小规模以外的纳税人是增值纳税人，为增值税的一般纳税人，企业属于一般纳税人的，必须在规定的期限内，向所在地的主管税务机关申请并办理一般纳税人的认定手续。

（二）征税范围

1. 销售货物以及进口货物

销售货物是指将货物的所有权有偿转让。进口货物是指经过申报后能够进入中华人民共和国境内的货物。货物是指具备实体的有形的动产、能够带来经济利益的可以移动的资产物，包括电力、热力、气体在内。对于土地的销售、房屋的转让和其他的建筑不动产的转让专利权、著作权、商标权以及商誉等无形的资产都不属于增值税的征收范畴。

2. 加工修理修配劳务

提供应税劳务是指通过有偿提供加工、修理以及修配劳务，能够从购买方获得货币、货物或者其他的利益。所谓加工劳务，是指受到委托方的委托对货物进行加工所发生的劳务，委托方主要是提供原材料和主要材料，受委托方按照委托方的要求来对货物进行制造以及收取相应的费用；所谓的修理修配，是指委托方所拜托受托方对货物的损害或者功能的丧失进行的一系列修复工作。

（三）税率与征收率

1. 税率

我国对于一般纳税人的增值税所采取的基本税率是17%、低税率13%和零税率三种方法。

2. 征收率

小规模纳税人的征收率统一降低至3%，小规模纳税人销售自己使用过的固定资产，增值税的征收率按2%进行征收；小规模纳税人销售自己使用过的，除去固定资产以外的物品，所征收的增值税按照3%进行征收。

（四）计征办法

1. 一般纳税人增值税的计征办法

一般纳税人销售的货物与提供的应税劳务，应纳税额为当期的销项税额在对当期进项税额进行扣除之后所得的余额，其计算公式为：应纳税额=当期销项税额-当期进项税额。如果当期的销项税额没有当期的进项税额大，其不能够进行扣除，则转到下期进行继续抵扣。

2. 小规模纳税人增值税的计征办法

小规模纳税人所缴纳的应税劳务与所销售的货物，应当在不包含增值税额的销售额与当前征收率来计算应纳税额，不得进行抵扣进项税额。其计算公式为：应纳税额=不含增值税额的销售额×征收率。

二、消费税

消费税是在对商品进行销售的过程中，对于特定的消费品和行为所进行征收的一种税。我国的消费税是指在中国境内所进行生产、加工、进口以及销售的应税消费品，在其销售额与销售数量上的一定环节中所进行征收的税额。现行消费税基本规范是1993年12月13日国务院所颁布的《中华人民共和国消费税暂行条例》，1994年1月1日起正式实施，并于2008年11月5日修订。

（一）纳税人

消费税的纳税义务人是指在中华人民共和国境内所进行的一系列生产、经营、委托加工、进口销售等应税消费品的个人和单位。

（二）征税范围

我国现行的消费税是指在经营过程中，通过生产以及委托人委托进行的加工、进口销售的应税消费品。主要包括以下几个方面：一些特殊的消费品，过度的消费会给身体健康和社会秩序以及生态环境等方面所造成危害的消费品，如烟酒、鞭炮；一些不属于生活中常用的或者奢侈品，如玉石珠宝、首饰化妆品；高能耗及高档消费品，如摩托车、小汽车；不可替代与不可再生的石油类消费品，如柴油、汽油；具有一定财政意义的消费品，如汽车轮胎。

（三）税率

我国现行所设置的消费税有14个税目、27个征税项目。其中包含两种税率：比例税率和定额税率。实行比例税率的分为13个档次，最高的为56%，最低的为1%。定额税率共有4个档次，黄酒240元/吨，啤酒250元/吨或220元/吨，汽油、石油、溶剂油、润滑油0.2元/升，柴油、燃料油、航空煤油0.1元/升。

（四）计征办法

1. 实行从价定率办法的应纳税额的计算

实行从价定率计征办法的应税消费品以销售额为计税依据。其计算公式为：应纳税额=销售额×税率。

2. 实行从量定额计征办法的应纳税额的计算

现行消费税仅对黄酒、啤酒、成品油等税目实行定额税率。其计算公式为：应纳税额=销售数量×单位税额。

3. 实行复合计征办法的应纳税额的计算

现行消费税的征税范围中，只有卷烟、白酒采用混合计算方法。其计算公式为：应纳税额=应税销售数量×定额税率+应税销售额×比例税率。

第三节　所得税法律制度

所得税是以个人和法人的所得为征税对象的一类税。根据纳税人属性不同，大致分为公司所得税和个人所得税两种。所得税有以下特点。一是所得税为直接税。所得税是纯粹的直接税，它是根据纳税人的纳税能力予以课征的，税负由纳税人本身承担，一般不会发生转嫁。二是所得税是累进税。以调节不同所有者的收入，做到税负公平。三是所得税是综合税。

一、企业所得税

企业所得税是指在企业取得经营许可之后，生产经营所得为征税对象所征收的一种税。现行企业所得税是2007年3月16日国务院颁布的《中华人民共和国企业所得税法》(2018年12月29日第二次修订，以下简称《企业所得税法》及2007年11月28日通过的《中华人民共和国企业所得税法实施条例》，并于2008年1月1日起施行。

(一)纳税人

在中华人民共和国境内通过企业或者其他组织企业所取得收入的，都视为企业所得税的纳税人，应当依照法律程序进行缴纳企业所得税。企业分为居民企业和非居民企业，其中居民企业指的是在中国境内依法成立的，或者是由中国境内企业所管理但是却依照外国法律所运行与管理的企业机构；非居民企业就是所设立的企业不在中国境内，却由中国法律体制所监管的，以及在中国境内设立机构、场所，或者是所设立的场所、机构来源于中国境内的企业。

(二)征税对象和征税范围

居民企业所缴纳的企业税来源于中国境内或者境外的所得。

非居民企业是通过在中国境内所设立的机构、场所，来源于中国境内所得的，都应当缴纳企业所得税。

（三）税率

企业所得税实行比例税率，是根据不同的企业所得税缴纳情况来制定的，适用于居民企业和我国境内机关所设立的非居民企业，其基本税率是25%。对于非居民企业，在我国境内设立机构、场所的，或者没有建立机构、场所的，其来源于中国境内的所得适用20%的税率，实际征收10%。对于符合条件的各种小型微利企业，所征收的企业所得税按照20%来进行，国家需要重点扶持的高新技术企业，所征收的企业所得税为15%。

（四）计税依据

企业所得税的计税依据是指通过企业纳税年度的收入总额，扣除免征税收、不征税收入，和在将各项扣除之后，所允许弥补的以前年度亏损后的余额为应纳税所得额。

二、个人所得税

在我国，个人所缴纳的所得税是指在对中国境内有居所、住所，或者无住所却在境内居住满一年的个人，就其来源中国境内和境外所得所征收的一种税。

现行个人所得税的基本法律规范包括：1993年10月31日第八届全国人大第四次会议通过的，于1994年1月1日起施行的《中华人民共和国个人所得税法》（2018年8月31日第七次修正，以下简称《个人所得税法》）；以及自2019年1月1日起施行的第四次修订的《中华人民共和国个人所得税法实施条例》（以下简称《个人所得税法实施条例》）。

（一）纳税人

个人所得税的纳税义务人包括两个方面，既含有居民纳税义务人，也有非居民纳税义务人。对于居民纳税人，必须是来源于中国境内、境外的全部所得，负有完全的纳税义务，缴纳个人所得税；而非居民纳税义务人仅就其来源于中国境内的所得，缴纳个人所得税。

1. 居民纳税人

居民纳税人是指在中国境内居住、有居住场所，或者没有住所但是在中国境内居住已经满一年的个人，都负有纳税的义务。

2. 非居民纳税人

非居民纳税人是指不是长期习惯性地居住在中国境内的，或者居住在中国不满一年的个人，在一个纳税年度内，可承担有限的纳税义务。

（二）征税对象

我国个人所得税实行分类计征的方式，确定征税对象，所包括的内容有：工资、薪金所得；个体户或者商户生产和经营的所得；承包或者租赁经营所得；经过劳动所得的报酬；特许权的使用费所得；经营所得的利息、股息以及分红；将房屋或者财产进行租赁或者转让所得；财产转让所得是指个人转让有价证券、股权、建筑物、土地使用权、机器设备、车船以及其他财产所得；偶然所得，是指个人通过获奖、中奖、中彩票等其他的偶然性所得；征税的其他所得，是经国务院财政部门所确定的。

（三）税率

我国个人所得税采用分类所得税制，对不同的所得项目分别确定不同的适用税率和不同的税率形式。采用的税率形式分别为比例税率和超额累进税率。适用的税率具体规定如下。

工资、薪金所得，适用九级超额累进税率，税率为5%～45%，具体见表3-1。

表3-1 个人所得税税率表（工资、薪金所得适用）

级数	月收入/元	现应交税/元	税负/%	税法修改后应交税/元
1	3 500	125	3.57	0
2	4 000	175	4.38	15
3	4 500	250	5.56	30
4	5 000	325	6.50	45
5	6 000	475	7.92	145
6	8 000	825	10.31	345
7	10 000	1 225	12.25	745
8	15 000	2 225	14.83	1 870
9	20 000	3 225	16.13	3 120
10	30 000	5 625	18.75	5 620

个体工商户的生产经营所得和对企事业单位的承包经营、承租经营所得以及个人独资企业和合伙企业的生产经营所得，适用5%～35%的五级超额累进税率，具体见表3-2。

表3-2 个人所得税税率表（个体工商户等适用）

级数	全年应纳税所得额	税率/%	速算扣除数/元
1	不超过5 000元的部分	5	0
2	5 000～10 000元的部分	10	250
3	10 000～30 000元的部分	20	1 250
4	30 000～50 000元的部分	30	4 250
5	超过50 000元的部分	35	6 750

稿酬所得，适用比例税率，税率为20%，并按应纳税额减征30%，故实际税率14%。

劳务报酬所得，适用比例税率，税率为20%，对劳务报酬所得一次收入畸高的，可以实行加成征收，具体见表3-3。

表3–3　个人所得税税率表（劳务报酬所得适用）

级数	应纳税所得额	税率/%	速算扣除数/元
1	不超过20 000元的部分	20	0
2	20 000 ~ 50 000元的部分	30	2 000
3	超过50 000元的部分	40	7 000

特许权使用费所得，利息、股息、红利所得，财产租赁所得，财产转让所得，偶然所得和其他所得，适用比例税率20%。

（四）计征方法

1. 纳税申报方法

个人所得税纳税申报方法主要有两种：一种是代扣代缴，另一种是自行申报纳税。

2. 自行申报纳税的地点

自行申报纳税的地点一般是收入来源地的主管税务机关。纳税人如果是从两处或者两处以上的地点取得工资、薪金的，可以任选一处作为固定税务机关申报纳税的地点；若是从境外取得所得的，应向境内户籍所在地或经常居住地税务机关申报纳税。

3. 申报纳税方式

个人所得税的申报纳税方式有好多种，主要有本人直接申报、委托他人代为申报和邮寄方式申报等。

三、所得税法律优化

（一）网络经济下个人所得税法优化

我国在改革发展的新阶段无论是经济体系还是相关政策都在一步一步进

行完善，同时，我国的税收政策也需要进一步调整。个人所得税法的优化调整对于我国税收体系来说是重要部分，更是促进网络环境下经济稳定发展的重要前提。下面将对网络经济下个人所得税法的优化进行详细讨论。

1. 网络经济下直播行业的税收情况

（1）直播行业的发展

随着我国经济建设快速发展，我国进入了网络信息时代，网络行业发展突飞猛进。在网络和经济结合条件下，各种虚拟的经济形势开始出现，网络货币和线上交易等形式使得我国经济展露出新的一面。网络主播作为新鲜事物出现，主要通过个人网络直播的方式来获得现金或者虚拟货币，一般来说，直播平台都会提供相应的平台币，这也是网络主播获得资金的主要途径。直播平台所提供的这些虚拟货币虽然与传统的个人所得不同，但是由于能够转换成现金以及具有消费能力，因此也一样需要纳入税收范围。[1]网络主播在直播过程中一般所得为工资收入和劳动报酬，但同时也产生了一定的礼物赠予和商业平台分红等，这部分收入具有不明确性，因此采取传统的扣税制度也会出现一定的不便之处，影响实际纳税额。

（2）工资所得与劳务报酬所得

主播利用网络平台进行直播的过程中所获得的报酬可以视为劳动报酬所得，但直播平台因网络主播所获得的收入和工资薪资不同，因此在计税方式上的依据也有所不同。我国《个人所得税法实施条例》中规定，工资薪金所得是任职所得，劳动报酬则是因个人从事劳动所得。网络主播如果隶属于某家公司或者与直播平台签订了劳动合同，那么他们所获得的报酬就是工资薪金所得。如果没有签订合同，而是结合直播情况获得的报酬，就是劳动报酬所得。根据我国现在执行的个人所得税法来看，主播所得应当是将两种方式结合来计算个人所得税。[2]

（3）劳动所得与资本所得

个人通过劳动创造的价值从而获得的收入被称为劳动所得。劳动所得中

[1] 李伟娜，马丽.新个人所得税法下代扣代缴问题探讨 [J].纳税，2021（36）：114–116.

[2] 张亚珍.我国个人所得税法改革研究——基于新旧个税政策的比较 [J].纳税，2020（31）：27–28.

涵盖了雇佣产生的薪资报酬，也包括了独立劳动而获得的报酬。总体来说，资本持有者获得资本所得，劳动参与者获得劳动所得。网络主播通过自己的表演、互动也是劳动的一部分，因此也可以被看作劳动所得，但是一些主播会采取过渡的娱乐方式或者其他行为引起关注，提升直播人气，从而创造更高的获利，那么则在一定程度上与劳动所得的本质有些偏差。如果主播的人气较高，他们可以在短时间内获得大量的财富，对于这部分主播，直播平台往往会利用一定的分红等作为高报酬来挽留主播。如果主播获得了商业分红，这部分则应该被视为资本所得。我国在劳动所得和资本所得上进行的税收标准是有所不同的，还需结合具体情况进行应用。

（4）经营所得

近年来，我国网络直播行业发展迅速，对互联网直播行业税收监管也越发重视，一些大平台和大的主播由于涉及的资金比较多，也因此开始出现避税问题。这部分人会利用小微企业税收优惠政策以及各地的财政扶持政策来进行纳税筹划。当前阶段各大网络平台和主播之间已经打破了传统的雇佣关系，更多的都是合作关系，通过为大主播成立个人工作室等方式来降低实际税负，从而达到平台与主播之间的更高获利。

2. 网络经济下个人所得税的缺失

（1）税法原则问题

一直以来，大部分国家都将量能课税作为税法所遵循的基本标准，以此来衡量纳税人的负税能力，从而实现公平性。[1]当国家在进行税法改革和征收赋税的过程中需要从纳税人的实际能力出发，公平进行课税，承担能力较强的人多缴税，承担能力弱的人少缴税，没有承担能力的人不交税。这种税收政策的实施是一种对纳税人财产所有权进行无偿转移的行为，也是国家行为，对于纳税人的财产权利有着直接影响。对于这样的国家税收权利，由于其直接影响纳税人本身的利益，因此国家还要通过一定的法治来实施，并进行严格的限制，可以说，公民纳税都是基于法律基础来实施的，也是法治国家的基本共识。网络主播在各大平台上进行直播活动，虽然在收入上各不相

[1] 陆春瑶.关于我国个人所得税模式转换的思考[J].商，2016（21）：144-145.

同，但确实产生了一定的收入，经济能力随之增强，那么相关的税收负担能力也就有所增加，就应当结合收入情况缴纳税负。网络主播作为一种新兴行业，其收入形式构成比较复杂，但当前阶段具体按照哪种标准进行税负不够明确，因此不能盲目进行主播个人所得税收缴，缺少法律支持下的强制征收个人所得税也与法律的初衷相违背。当前阶段我国经济发展迅速，人们收入的形式也开始呈现多元化趋势，因此个人所得税的税目应当随之完善，并将课税的原则和内容进一步具体化，否则将会出现法律与实际不相符的问题。

（2）税制改革问题

近年来，网络直播行业发展十分迅速，有直观性强、交互性强等特点，当前已经被应用于教育、销售、娱乐等多个领域。随着这种商业模式和运营模式的不断创新发展，直播行业的税收立法却显得有些滞后，难以与之相适应，给纳税主体提供了一定的避税空间。同时，网红经济的快速发展也吸引了大量的资本和人员涌入，对我国的经济壮大和解决就业问题具有推动性作用。因此，很多地方政府将直播行业作为当地重要扶持产业之一，给予了相应的税收优惠政策。例如，江苏省徐州市对网络直播和网络主播公司进行的个人所得税征收，其中一般纳税人和小规模纳税人核定征收率为0.5%～3.5%，并且增值税方面还可以享受地方留存的50%～70%的税收优惠政策。[1]但是近几年来不断爆出网络行业的阴阳合同等问题，给直播行业的税收工作开展敲响了警钟，这种不规范的税收政策可能导致行业的混乱问题持续暴露，甚至破坏行业公平的环境，因此需要及时对税制改革问题加以重视。

（3）税源监管问题

在网络和信息兴起的时代，互联网金融的出现彻底打破了传统金融和支付方式，不仅突破了时间和空间的限制，促使交易更加方便，同时也有着便捷性高、具有收益性等特点，迅速受到了广大人民群众的接受和认可。以往现金交易和银行转账交易已经逐渐被当前的微信、支付宝等网络交易形式取代。网络主播所获得的薪酬大部分也通过支付宝等方式进行支付，主播可以

[1] 周璇.新个人所得税法下代扣代缴问题研究[J].财会学习，2021（12）：55-58.

将收入直接存入支付宝中以此来获得相应的收益。对于这部分资金，主播可以通过支付宝直接进行线上或者线下的消费，也可以购买更多的理财产品获得收益。整个过程中网络平台和主播之间的交易行为都是在网上进行的，因此税务机关无法通过银行等传统的金融渠道来获取主播的真实收入等相关信息。那么这个过程中就存在着信息不对等的问题，给税源监管造成了一定难度。[1]此外，网络主播的收入并不只有薪资这一部分，其中还包括了主播收到的虚拟礼物打赏等，这些礼物可以直接按照比例在网络平台上兑换成货币，也属于主播收入来源之一。这部分货币的兑换是主播个人来掌握的，因此税务机关更是难以进行有效的监管，无法了解到主播个人真实收入的具体数额。

3. 网络经济下个人所得税法的优化方法

（1）优化税法原则

近年来，我国网络直播行业发展十分迅猛，可以说给我国的经济进步带来了一定的帮助，网络主播的个人收入也随之增加，积极进行课税是保持法律正当性的基本准则。税法的制定和实施目的就是为了保证国家税收，实现财政增收，并且也有着保护公民合法权益的基本作用。此外，税法中明确规定了课税的税收项目，而法律的授权来源于人民的集体意愿，因此国家征收税赋的根本在于纳税者本人。[2]对此，当前阶段的税法原则调整一定要做好基本的社会调研工作，积极了解人民的基本意愿，形成人民参与、反哺人民的税法优化机制，降低税法原则矛盾问题的出现，真正实现税收价值。

（2）完善行业相关个人所得税规定

我国在 2019 年后开始执行新《个人所得税法》，采取分类和综合相结合的模式进行个人所得税计算。对于大部分主播而言，其获得的薪资主要有工资薪金和劳动报酬两方面，均可以纳入综合所得税。但是对于一些独立工作室和独资企业来说仍然可以实现一定部分的避税。因此，在现阶段一定要积极完善相关行业个人所得税的规定，实现税收公平。对此，可以借鉴 2018

---

[1] 高千惠.新《个人所得税法》下工资薪金的纳税筹划研究 [J].法制博览，2021（13）：140-144.

[2] 王选.公平视角下个人所得税法存在的问题分析[J].现代审计与会计，2021（6）：71-73.

年以来我国对影视行业税收治理的经验开展工作，按照税收法定原则统一直播行业税收政策的立法权和执法权，并对地方税收优惠政策进行清理，实现公开透明的税收政策。并且，还需要制定明确的法律法规或者行业中明确的规章制度来对直播收入进行分类，保证税收工作落到实处，区分开劳务报酬所得和经营所得。

（3）强化税源监控

税源监控工作的落实首先要从平台出发。当前阶段金融机构越来越多，并承担了传统银行的职能，如支付宝和微信等网络支付平台。网络支付有着极强的便捷性，用户可以随时对资金进行使用，甚至可以将资金用于不同的理财产品购买，从而产生一定收益。但是这种新的网络支付方式与传统的银行账户使用之间存在一定的不同，网络账户可以以安全为由拒绝任何信息的公开，这就使得税务部门对此无法进行流动资金的调查，更无法掌握主播的收入情况。对此，相关税收部门还需要尽快与第三方平台进行合作，制定相应的制度和规定，保证在维护用户资金安全的情况下了解主播的真实收入情况，从而实现个人所得税的征收。只有将银行账户、网络支付账户等全部收入来源进行监管，才能真正推动税务部门对于这部分人群的课税管理和监督。

（4）做好征收管理

单位扣缴是我国进行个人所得税征缴的主要方式之一，不仅便于操作，更加能进行有效的监控。但是对于当前网络经济下的多元化收入人群来说，这些来源不明确的收入是无法进行有效监督和管理的。为了能进一步落实单位代缴代扣工作，税务机关需要对平台注册和经营等信息进行全面掌握，并对行为和管理的规范性进行有效监督，从而推动平台代缴代扣义务的实现。而对于一些违反税法和税务机关规定的行为，税务机关也有权力对其进行处罚等，以此来做好个人所得税的全面管理工作。此外，还应当强化个人所得税申报的有效激励机制，提升纳税人主动申报的积极性，如将自动申报和社会福利、个人诚信记录等结合起来，从而提高网络主播的纳税主动性，将被动纳税逐渐发展为主动纳税。

市场经济的发展使得现代社会收入多元化。在这样的背景下，传统的个人所得税法显得有些不足，还需积极进行调整改革。在税收制度的完善中不仅要考虑各项法律和制度，更加要衡量纳税人个人能力，不要以税收来增加纳税人经济负担，同时税务机关还应当做好相应的制度建设并提高监督水平，从而提高税收工作的价值。

（二）新税法背景下的企业纳税筹划与风险管理

税务筹划对于一个企业在财务管理方面的工作意义十分重大，与此同时，做好税务上的科学规划，能够进一步合理避免出现风险，这样就可以有效实现提高企业效益的目的。但是通过税务筹划来避税还是具有一定危险性的。由于执行的新税法统一调整了所有适用税率、税前抵扣指标和优惠的实施政策等，新的所得税措施在一定程度上完善了反避税策略，为企业的税务筹划工作带来一定影响。下面根据新税法对企业税务筹划的重要作用，提供了避免税务损失的具体管理办法，以期为企业有关人员提供参考。

1. 新税法下的企业纳税筹划

2018年起，新版的《企业所得税法》就已经逐步开始执行，这标志着税制改革正迈向新的征程，更预示着全国统一所得税体制的最终形成。新税法也对纳税计划造成了一定程度的影响，根据整个内资以及外商方面的投资情况，相对来说，我国比较适合在全国统一规范所得税法，新税法重新调整了相应的纳税政策以及扣缴准则，并将企业中的所得税在改革以前的基数上减少为25%。其内部结构也在不断发生变化，在新税法的影响下，企业必须重点开展纳税筹划工作，并且能够充分掌握所得税的政策。与此同时，税务方面的计划主要也是指企业需要在国家法规所规定的范围内，通过做好各项财务方面的工作，以此来进一步减少企业的应纳税额，从而达到节税和避税的目的。换言之，企业中的税务筹划是企业财务活动中非常重要的工作，即做好统筹与规划的工作，属于节税的一种方法，和其他违法以及偷税避税的方法在本质上有一定的区别，即采取纳税相关筹划的主要目的是能够在确保合法性的前提下实施，而任何财务管理手段都不能采取违规或违法行为。因此，必须以法为基本界线，确保纳税筹划的合规性。另外，需要注意的是，在控制税负的同时，以进一步延长滞纳缴税时间等为目的；做好严格的筹划后，需要充分遵守相关法律政策的变动，有效降低风险。新税法在颁布之后，我国在短时间内不会再对企业中的所得税法做大幅度的调整，所以在进行税制简化之后，应进一步减少由于政策的改动而导致的风险。

2. 纳税筹划的基本特点

（1）合法性

所谓合法性，是指税务筹划工作不但合乎国家税收政策的规范，还必须遵循地方政府的政策指导。纳税筹划的合法性是税务筹划区别于其他税收活动的一种最典型的特征。这主要体现在，企业选择的税务筹划手段以及税务计划实现的目标和方法都必须遵循税收政策的要求，且必须达到政策调整的目标。虽然某些手段可以与政策调整的目标不相符，但是企业还是应该考虑自己的实际情况，在不触犯税收政策的前提下，选择一些避税行为。

（2）超前意识

超前意识是企业经营或投资方在进行经营活动或资本经营以前，已将税收当成关系最终结果的一项关键因素加以考虑和规划。也就是说，在进行各种营业和资产管理等项目时，企业必须事先就筹划一个遵循税收政策的正确方案，而不是等待着企业的所有营业行为都已经实现，在税务稽核机构完成稽查后让企业补缴税收时，再重新想办法筹划。所以，必须使企业管理者把税务因素提前放到企业的所有经营决策行为中去考量。其实，这也就是将税务观念自觉贯彻到了企业的所有经营决策行为之中。

（3）税务筹划目的

税务筹划是为了降低纳税负担，同时又为了将企业的各种税务风险降低至0，谋求税务效益的最大化。

（4）专业性

目前在税务计划的具体实施过程中，可以看出其并不是由某一个企业、某一位员工通过自身的主观意志所能够实现的一个计划，而是一门集会计学、税收政策、企业财务、企业管理等各方面专业知识于一体的复合型课程，且专业性非常强。一般来说，在海外，税务策划工作都是由审计师、法律顾问或税务师来进行的；在中国，随着中介机构的设立与发展，它们又会承接大量有关税务策划的业务。

3. 新税法对企业纳税筹划的影响

（1）对纳税人筹划身份的影响

新税收法律实施前，在内资与外资企业的所得税法方面，虽然企业能够在税收政策上获得相应的优惠待遇，但是在所得税的待遇上却出现了很大差别，受此类因素的影响，境内投资应运而生，主要就是通过国外注册把资本直接投回中国境内，并最终享受这种外商企业直接投资优惠的纳税政策，而这些虚假的直接投资也就成了所谓的逃避税港。在新税法施行之后，也需要对个人所得税法做好统一管理，对企业中的纳税人身份以及个人所得税都实行了统一管理。由此可见，这种模式彻底改变了以往中国境内投资企业进行变性避税的状况，提高了整体的科学化与公平性。

（2）对于资本弱化方式在筹划方面产生的影响

税务筹划方法包括转移定价和资本弱化，新税法对两类筹划方法均产生了重要影响。

对转移定价方式筹划的影响。通常大型企业都需要用转让定价的方法进行税务筹划，属于比较常见的规避企业所得税的方式，如大企业采用转让定价的方式进行税务筹划，主要是为了达到企业或集团利润最大化目的。为降低企业税负，在产品交易或者进行利益关联交易过程中将价格高定或低定，而这些做法也可以使企业收益直接传递给企业行为者，如融通资本、供应劳动力、进行有形财产使用权或者无形资产转让等做法，均属于转让定价做法。但中国现阶段的外国企业所有权关系并不明晰，从企业引进外资来看，由于缺少政府对外资的审核管理，从而使得外国企业与投资人、企业与企业、企业与金融机构之间产生了股份、债权等利益关联，而这些复杂的资本来往关系，为大型跨国企业转让定价创造了有利条件。部分境外投资人会利用境内合资企业不了解海外市场行情的状况，将其作为相应的砝码，从而更好地进行避税，这样就会使所得在两种或两种以上，从而更有效地在纳税人中间实现节省税款的目的。

对资本弱化方式筹划产生的影响。目前采取的资产弱化方式主要指跨国企业为未来的减税额使用信贷手段，代替股权融资手段实现了直接融资或投资整体的发展情况。投资者以及被投资方希望在未来获得以借贷为主的融资，就容易导致投资企业的企业债务远大于资金的不合理状况。很多企业主要通过相关资本融通使收益实现转化，具体表现在无偿借款方面。目前，许多公司通过运用财政杠杆作用增加政府投资收益，从而实现减税避税的目的。首先，规定关联方的土地买卖必须遵循另一方在类似前提下进行同类买卖时所产生的财务关联，即所谓的独立买卖原则；其次，企业要向税务机关提供与关联方商业往来的价格基础与计算方法，并在关联方双方磋商确定后进行约定价格的调整，且遵循约定价格制度，为关联方贸易活动提供稳定可预测的税费环境；最后，新税法还介绍了成本费用分担原理，主要规范了企业与相关方应共享无形资产，或联合供应商品和承接劳动，并按照独立的交易准则，对纳税所得额进行合理分担。与此同时，新税法中还明文规定了企业与关联方所进行的债权性投资。

对纳税人认定标准的影响。新税法还对纳税人的标准进行了划分，对居民企业也进行了规范。在我国境内，目前包括几种不同的分支机构或场地的企业，这两种情况下，对于在税务方面存在的差异，主要是居民企业需要充分履行全部的纳税人权责，并根据中国境外所有的收益来上缴；非居民企业履行了限定的纳税义务，仅针对来自国内外的高收益纳税人。新税法中对纳税人的界定准则表明，国内外税务机关可利用国外税务实践中的“管理和控制”来确定企业税收居民。对于在我国境内外登记设立并在中国境内实际管理经营的企业，也将被确认为我国税务居民。新税法中对企业纳税人判别要求的确定，对内资企业和外商直接投资企业均将产生重要影响。尤其针对内资企业，因此国内投资人在国外注册和管理企业时必须充分考虑到中国境内对税务居民的判别要求。所以，我国将对国内所得税转至国外所得税规划的情况实施监督，这对一些已在国内挂牌并运营的企业将带来重要影响。另外，对外商投资企业而言，准备成立跨国企业的政府机构应当更加注重新税法中对税收居民的判断准则，并严格审核企业运营状况，对能否构成纳税义务作出投资决策。

对税收优惠政策的影响。在当前新税收的相关政策出台之后，作为企业仍然需要充分并且仔细地对其中的各项内容以及相应的其他项目规范进行了解与熟知。首先，针对当前的新税收政策，其逐渐在较大程度上扩大了相应的区域限制范围，而对于高新科技中的相关企业，在界定方面也是比较规范的。与此同时，新税收政策进一步增强了整个国际创投机构的政策与应用力度。其次，目前的新税收政策还相继出台了具备替代性的优惠，在此过程中，其不仅对经济发展特区进行了规划，还对经济社会科技的开发区等产业的出口外商企业实行免征税收或逐渐减免征税政策。另外，还进一步废止了地方不同的所得税征收实施政策。最后，根据新税法中的现有税务方面的政策以及措施，做好定期减免税优待，这样就能够针对老企业予以五年的过渡期，让其转换到新税种，减少相关法律法规执行的冲击性。与此同时，针对新税法，还需要进一步指导企业做好科学技术以及新设备的引进，这样才能更好地支持节能环保型企业的经营机制。

4. 新税收背景下企业税务计划的风险控制

（1）合理利用企业形式

为了更好地减少新税法所带来的冲击性，作为政府部门，需要给予这些企业五年的过渡期。这样才能够通过此种机制，进一步把适用较高税收范围的分企业纳入总分支机构当中，并针对已经出现损失的情况，可以通过工商调整方法变更为总分支机构汇总征收企业所得税。

（2）合理利用税收优惠政策

新税法也对企业所得税优惠政策作出了相应改革，主要遵循以行业性优惠政策为主、以地区性优惠政策为辅的方针。但由于新政策实施还需一些时日，在部分范围内对性质特殊的企业仍将继续采取固有政策。所以，在这些新设立、国家重点支持中小技术企业的地区和西部区域，应鼓励该类企业继续获得相应的所得税优惠政策。但上述特殊区域与中国其他地方仍具有的所得税优惠政策明显不同，这也给企业风险管理创造了一定空间。

（3）企业开展税务筹划应当贯彻经济规则

企业开展的税务计划，最终是为了合法节税增收、提高效益。而企业在开展税务筹划并付诸实施的过程中，就会产生各种成本费用，所以企业在开展税务筹划时，首先应该对期望收入和成本费用加以比较，因为只有当期望收益超过实际成本费用时，计划方案才能真正付诸实施，否则就会得不偿失。此外，企业在开展税务筹划时，不仅要着眼于某一纳税环节对个体税种的全部税负水平，还要关注总体税负的变化，同时企业还应该利用不同财务模式对各种税务筹划方式加以筛选与综合运用，以达到节税和增加收入的综合效益。另外，企业应重点引导相关纳税筹划工作人员全方位学习关于新税法的知识，全面掌握新税法和旧税法之间的差异，根据新的制度和政策要求，重新编制企业在发展和生产过程中的税务筹划方案，如按照新税法的经济规定，营业税改增值税后企业可通过专用发票进行进项税抵扣，在此过程中，税务筹划人员应全面学习此类政策知识，做好进项税抵扣专用发票的管理工作和识别工作，要求供方提供合法且专用的发票，尽可能增加进项税的抵扣数额，以此降低企业的税负成本。

（4）事后绩效评价

在开始实施税务筹划的方案之后，除了需要做好跟踪与监控之外，还需要对相关的方案做好相应的评价工作。并且，对于企业之中相应的成本、收益、风险做好绩效分析与评估。在可接受的范围之内,“成本”小于“收益”，税务筹划就是成功的，反之则是失败的。同时还需要注意，在事后绩效评价的过程中全面评估企业的税务筹划工作效果，准确分析税务筹划内容的全面性、筹划方案的可行性、筹划方案的落实效果、避税方式的合法性与合理性等，通过事后评价的方式归纳总结丰富经验，并进一步完善和优化企业纳税筹划工作机制和模式，以提高整体的纳税筹划工作效果为目标，不断做出努力。

综上所述，新税法的推行对企业纳税筹划和风险管理会产生直接影响，使纳税人身份、资本弱化方式的筹划也受到了相应的影响，因此在新税法背景下，企业应制定完善的纳税筹划方案，严格进行风险管理和控制，合理进行企业形式的利用、税收优惠政策的申请。在税务筹划期间，贯彻经济规定，强化事后评价的力度，进一步提升纳税筹划工作的效率和水平，降低企业税负成本、促使效益发展，达到预期的纳税筹划目的。

第四节　财产税和行为税类法律制度

财产税是指对拥有财产的法人和自然人的财产的数量和价值所征收的一种税。行为税则是针对行为发生的目的征收，是对某些法定行为所征收的一种税。财产税和行为税类法律制度主要讲述房产税、车船税和契税。

一、房产税

房产税所针对的征收对象是房屋，所征收税率的依据是根据房屋的计税余值或租金的收入，向产权的持有人进行征收的一种财产税。现行的房产税是第二步利改税以后开征的，1986年9月15日国务院正式发布了《中华人民共和国房产税暂行条例》，自当年10月1日开始实施。房产税的特点：由于房产税的征收对象只是房屋，属于个别财产税；仅限于对城镇中经营性的房屋进行征收；区别房屋的经营使用方式中规定征税办法，对于自用的房产按照房产计税余值征收，对于出租、出典的房屋按租金收入征税。

（一）纳税义务人

房产税的纳税义务人包括：纳税义务人只是经营管理的单位，但是产权是属于国家的；集体和个人是产权的所有者，集体和个人就是纳税人；产权出典的，由承典人纳税；房屋的使用者和代管理者为纳税人的前提是当房屋的产权人或者承典人不在房屋所在地的情况下；房屋产权因租典问题产生纠纷时，纳税则是由房屋的代言人和使用者缴纳；无租使用其他房产的问题；纳税单位或者个人在使用房产管理的部门、免税单位以及纳税单位的房产时，没有租金的情况下，经由使用人来缴纳房产税。

（二）征税对象和征税范围

房产税的征税对象是房产。房产就是指由屋面和围护结构组成，能够为人们遮风挡雨，为人们提供生产、生活，以及学习、工作、娱乐的场所。但是对于独立于房屋的建筑物如围墙、暖房、水塔、烟囱、室外游泳池等都不属于房产，而室内游泳池属于房产类。

由于房地产企业在开发前对商品房进行出售，对于房地产来说出售前的房子属于商品，房地产开发企业所建造的商品房，未出售的都不征收房产税，但是对于已经出售以及已经租售的商品房要按照规定来征收房产税。

征税范围：城市、县城、建制镇、工矿区，不包括农村的房屋。

二、车船税

车船税是指经过我国境内途中的公共车辆以及航行在我国境内海域、湖泊以及河流中的车船按照种类定额征收的一种税。2006年12月29日重新修订《中华人民共和国车船税暂行条例》，自2007年1月1日起实施。

（一）纳税义务人

车船税的纳税人是指在中华人民共和国境内的车辆、船舶的管理者或所有者。如果是租赁关系，则由租赁双方商定来确定纳税的一方，如若不能确定，则使用者为纳税人。

（二）征税范围

对在我国境内所有行驶的车辆以及航行于境内河流、海洋以及湖泊等的船舶，包括机动车和非机动车、机动船和非机动船征税。

应纳税额的计算方法：应纳税额=计税依据×单位税额。

三、契税

契税是财产税的一种，以中华人民共和国境内的土地转移、房屋的产权转移为征税对象，向产权的承受人征收的税。现行的《中华人民共和国契税暂行条例》于1997年10月1日起施行。契税的主要特点：契税属于财产的转移税，契税是由财产的承受人所缴纳的。

（一）计税依据

契税的计税依据为不动产的价格，具体有四种。

按成交价格计算。成交价格是指经过双方敲定，从而制定出合同，税务机关依据合同来直接计税。这种计税方式主要适用于对国有资产土地的使用与转让、出售以及房屋买卖。

根据市场价格计算，主要是通过将土地的使用权进行赠送，它们价格的确定方式是根据市场需求价格确定的，而不是土地与房屋原值。

依据土地、房屋交换差价定税。

按照土地收益确定。

（二）征税对象

契税的征税对象是境内转移的土地、房屋权属。具体包括六项：土地使用权的出让、土地使用权的转让、房屋买卖、房屋赠予、房屋交换、承受国有土地使用权支付的土地出让金。以下几种特殊情况，视同买卖房屋：一是以房产抵债或者实物交换房屋；二是用房产作为投资或者以股权方式转让；三是重新修建或者买房拆料。

应纳税额的计算公式：应纳税额=计税依据×税率。

第五节　税法相关案例分析

一、进口货物再出口案例分析

案例：A公司是某奢侈品牌在中国的独资贸易公司，所销售产品全部从香港关联公司进口并在国内通过专卖店零售。某些产品滞销，公司不愿意采取降价处理等方式销售，而是希望统一由境外关联公司集中处理。

问题：如何实现货物的出口？有几种可行的方案？相应的税负如何？

方案一：货物退运出境，由香港关联公司退还进口价格。

分析：出口环节没有税负：进口环节发生的关税无法退还；进口环节发生的增值税须作进项转出。A公司的税负为：进口关税=100×10%=10，进口环节增值税=（100+10）×17%=18.7，A公司总税负=10+18.7=28.7。

方案二：货物按原价销售给香港关联公司，由香港关联公司退还进口价格。

分析：出口无法取得退税；出口视同内销；进口环节发生的增值税可以抵扣。A公司的税负为：进口关税=100×10%=10，进口环节增值税=(100+10)×17%=18.7，视同内销销项税=100/(1+17%)×17%=15，A公司总税负=10+15=25。

两方案比较：方案二税负较低。其他考虑：退运要求原进口文件齐全、所得税方面的影响。

二、个人所得税案例分析

案例：2010年5月，A公司为股东个人甲购买汽车一辆，支付车价10万元，相关税费1万元，拍卖牌照费用4万元，该车辆所有权登记为甲个人，同时，该车也为该公司经营使用。

分析：甲取得A公司为其购买车辆，即实质为A公司以实物的方式对甲进行了红利分配，应按“利息、股息、红利所得”项目，以A公司为甲购买车辆支付的金额（车价10万元、相关税费1万元、拍卖牌照费用4万元合计金额15万元）为应纳税所得额计征个人所得税。

由于该车辆同时为甲和A公司经营共同使用，在计算应纳税所得额时，可将A公司实际支付的车价和相关税费（不包括车辆牌照的拍卖费用）的50%（车价与相关税费共计11万元×50%）减除后，按适用税率20%计算应纳个人所得税税额。

甲应纳个人所得税税额=［车价10万元+相关税费1万元+拍卖牌照费合4万-（车价10万元+相关税费1万元）×50%］×税率20%=1.9万元。

该笔税款应由A公司代扣代缴。

第四章　金融法相关理论与应用

生产力的进步推动商品经济的形成与发展，而货币是商品经济的伴生物。随着商品经济的进一步发展，又产生了借贷和借贷中介机构，金融业随即出现。金融经历了由简单到复杂、由低级到高级的演变。时至今日，金融已经成为现代经济运转中最核心的领域。与之相对应，金融立法也已成为各国经济立法中的重中之重。新中国成立以来，我国的金融与金融法的发展都走了不少弯路。改革开放以来，我国金融市场迅速完成了从简单到复杂、由低级到高级的发展，同时金融法也取得了重大的发展与进步。

第一节　金融法与金融体制

一、金融法

（一）金融法的概念

金融法可作狭义与广义的区分。狭义的金融法仅指金融法律，即指国家立法机关依照法定权限和程序制定或认可，并以国家强制力保障实施的调整金融关系的规范性文件。在我国专指由全国人民代表大会及其常务委员会颁布的金融法律，这是金融执法与金融司法的基本依据。广义的金融法还包括依据狭义的金融法律，以授权立法方式制定的具体的操作性规范，如行政法规、部门规章、司法解释等。

金融法体系，即指调整不同侧面的金融法律规范，按照不同属性分类组合形成的一个相互连接、互相协调及有机统一的整体。由于金融法调整的金融关系复杂多样，各种类型金融法律的性质也呈现出多样化的状态。因此，对于金融法体系的划分，一直以来都是学界经久不衰的讨论话题。

早在20世纪80年代，学界就存在有关金融法体系的争论。1995年“金融大立法”之后，学界关于金融法体系的争论更为激烈，虽然很多观点与之前的争论有一定的传承性，但对该问题的研究已日趋精细，认识也日渐成熟。根据“是否将金融监管法与金融调控法加以区分”这一标准，可以将现存观点分为两类。一种观点是不对二者进行区分，将金融法体系划分为金融主体（组织）法、金融监管法、金融业务法；或者认为金融法包括金融调控法和金融交易（业务）法；抑或认为金融法包括金融主体法、金融客体法和金融业务管理法三大类，将金融业务法与金融监督管理法不加区分地纳入金融业务管理法的范畴。另一种观点则分析了金融监管法与金融调控法的差异，但在金融法体系的构成方面，也未形成定论。争论的焦点之一在于是否有必要将金融组织（主体）法作为自成独立的部分。例如，有学者认为，金融法体系由金融主体法、金融规制法、金融调控法、金融监管法四部分构成，另一些学者则认为金融法的体系由金融交易法、金融监管法、金融调控法三部分构成。

从具体法律制度入手探讨金融法体系的做法也是学界一种较为普遍的研究路径，不过这种路径的探讨仍然引发了大量的争议，主要表现在以下几个问题上的分歧。

第一，对有关国际金融法律制度能否纳入金融法体系产生分歧，一些学者支持包括国际条约与国际惯例在内的国际金融法律制度应该纳入金融法体系，而一些学者却反对这一做法。

第二，在外汇管理法、货币管理法的界定上，一些学者认为货币管理法体系包括人民币发行与管理法、外汇管理法、金银管理法，而有的学者直接把人民币管理法纳入中国人民银行法体系，却把外汇管理法和金银管理法作为与中国人民银行法体系并列的金融法体系的构成部分。

第三，在中央银行法的范围方面，有的学者将中央银行法律制度、货币政策、金融监督管理及法律责任、信贷管理法律制度、政策性银行法律制度等纳入中央银行法的范畴，而有的学者则将信贷法律制度、货币法律制度等剔除出中央银行法的体系。

（二）金融法的基本原则

金融法的基本原则是指在金融立法及法律适用中应遵循的基本行为准则，它贯穿于金融法制的全过程。在市场经济条件下，金融法要遵循以下几个基本原则。

1.兼顾金融安全、金融自由以及金融公平的原则

正义是法律的永恒追求，金融法也一样。但正义有多种价值维度，包括安全、自由以及公平等。具体到金融领域，即为金融安全、金融自由以及金融公平。金融法的作用，正是在于维护金融安全、金融自由和金融公平。在金融法的发展史上，金融安全、金融自由以及金融公平都有可能成为一段时期或某一部分立法的侧重点，但历史经验以及金融市场的发展规律表明，现代金融法必须坚持兼顾或协调金融安全、金融自由以及金融公平的原则，任

何顾此失彼的金融法律制度，都将违背正义这一法律的永恒价值追求。

2. 金融监督管理与业务经营分离原则

与西方国家不同的是，中国的金融市场与金融体系是由计划经济体制转轨而来。在计划经济体制中，自由金融市场基本上被取缔，也不存在享有自主经营权的银行机构。

在市场经济条件下，金融体制必须适应市场经济发展的要求，并做出相应的变革，在这个变革的过程中，金融立法无疑要承担起这个重任，通过法律的权威贯彻管理与经营相分离的原则。为达到这一目标，金融法律不仅要明确中央银行的法律地位、职责和权限，将中央银行从商业银行中分离出来，专门执行国家货币政策和对全国金融进行统一管理的职能，也要将商业银行与政策性银行分离，赋予商业银行“自主经营”“自担风险”“自负盈亏”和“自我约束”的权利或责任。

此外，还要对政策性银行的组织机构与业务经营作出具体的法律规定，明确其不以追求自身利润最大化为根本目标的性质，凸显它们专门代表国家进行专项投资，并代表国家对投资进行管理，保障国家投资安全和目标实现的职责。

二、金融体制

市场经济条件下的金融体制由四个体系组成，即金融调控体系、金融监管体系、金融机构组织体系与金融市场体系。

（一）金融调控体系

市场经济条件下，国家对经济的宏观调控主要是通过金融手段与财政手段进行的。其中，金融手段的宏观调控即金融调控一般是授权中央银行来完成。1995年通过的《中华人民共和国中国人民银行法》（以下简称《中国人民银行法》），第一次在法律上明确中国人民银行是我国的中央银行，承担金融调控与金融监管的职责。在宏观调控方面，中国人民银行垄断了货币发行权，是金融机构的最后贷款人，制定与执行货币政策，履行金融宏观调控之责。2003年经过较大修改的《中国人民银行法》将中国人民银行原来承担的日常金融监管职能大部分剥离。自此，中国人民银行主要执行金融宏观调控职能，其主要职责是调控货币总量，维持币值稳定。虽然其还承担诸如外汇市场管理、反洗钱等局部金融监管职能，但这些监管职能往往与货币总量控制即金融调控紧密相关。

（二）金融监管体系

金融监管是指对金融市场主体与金融交易活动的监督和管理，其具有双重含义：一是指国家金融管理部门以及行业自律组织等对金融活动的外部监督管理，二是指金融机构对其业务活动的自我管理。金融监管一般是指金融的外部监管，特别是指官方监管，即国家金融监管部门依据金融法律法规、政策等，对金融市场主体及其经营活动进行领导、监督、稽核、组织和协调，以达到保护存款人的利益，维护金融市场秩序，促进金融市场发展的一系列目标。在1995年以前，我国曾长时期实行由中国人民银行负责的“单层单头”的金融监管模式。不过，随后向“单层多头”监管模式过渡。自2003年中国银保监会成立以来，我国现行由“一行三会”，即中国人民银行、中国银行业监督管理委员会、中国证券监督管理委员会以及中国保险监督管理委员会组成的官方金融监管体系正式形成。

（三）金融机构组织体系

市场经济条件下，按照现有“分业经营、分业管理”的原则，中国金融组织体系主要由银行类金融机构、证券类金融机构、保险类金融机构，以及非银行金融机构组成。各类金融机构中，又会细分成各种金融组织形式。例如，银行类金融机构具体包括政策性银行、大型商业银行、股份制商业银行、城市商业银行、农村商业银行、城市信用社、农村信用社、农村合作银行、村镇银行、邮政储蓄银行、外资独资银行、中外合资银行、外国银行分行等。

（四）金融市场体系

作为国家金融体系的重要组成部分的金融市场，是金融活动产生的中介，是金融市场主体进行货币借贷、办理各种票据和有价证券买卖等金融活动的场所或领域。目前，我国金融市场主要包括货币市场、资本市场、外汇市场和黄金市场。比较活跃的主要有短期资金市场（包括同业拆借市场、企业短期融资券市场、大额可转让定期存单市场、票据承兑贴现市场等），债券发行与交易市场及股票发行与交易市场。若进行简单的划分，短期资金市场属于货币市场，债券和股票发行与交易市场属于资本市场或证券市场。我国目前尚未完全开放外汇市场和黄金市场。金融市场的功能主要包括融通资金，调节资金供求；促进资金的积累；实现资金的有效配置；分散和转移资产，提高金融工具的流动性和安全性。此外，金融市场还兼备信号系统的功能，是国民经济以及世界经济的“晴雨表”，它直接或间接地反映了国民经济或世界经济的运行状况和趋势。

第二节 金融担保法律制度

担保法是民事法律的重要组成部分。随着我国经济体制改革的不断深化和社会主义市场经济的建立和完善，我国的担保法律制度也逐渐建立并不断健全，形成了具有中国特色的自成体系的担保法。

一、担保及其特点

担保，顾名思义是一种保证行为。在民事法律关系中，则指当事人约定，债务人或第三人以财产或信用向债权人保证债务得以履行的一种行为。

在一项民事法律关系中，债权人有权要求，债务人也有义务以自己的财产作为对债权的保障。但是当债务人的财产不足以实现债权人的债权，或债务人同时或先后与多个债权人产生债权债务关系，致使债权人的债权实现处于一种不稳定的状态，债权人的债权就无法得到保障。在此情况下，债权人的利益就可能受到侵害。为了防止这种结果的发生，债权人往往要求债务人提供一定的物质保证，或要求第三者提供物质或信用保证，以保障债权人债权的安全实现。因此，从担保的产生来看，其本身是为了保障债权人实现债权而在债权人与债务人或第三人之间建立的另一性质的法律关系，具有从属性。而当事人之间建立了担保关系，也就产生了一定的权利和义务关系。通过这种关系，债权人可以督促债务人履行债务，或在债务人不能履行债务时使自己的权利得到保障。

二、担保的形式及其效力

担保按照对债权人债权保全的方法大致可以分为人的担保、物的担保和定金担保。

人的担保即保证担保，指债务人以外的第三人作为保证人向债权人保证，在债务人不履行债务时，由保证人按照约定履行债务或者承担责任。人的担保是以保证人的信誉和财产来作为担保基础的。

物的担保即物权担保，指在债务人或第三人特定的物或权利上设定物权以担保债权人债权的实现。担保物权包括抵押权、质押权和留置权等。

定金担保是指合同的当事人约定一方向对方预先给付一定数额的金钱或其他财物，以保证合同的履行。

担保不论形式如何，实际上都追求同一目的和效果，即确保与债务人设置担保关系的债权人的债权得以实现或优先受偿。这是担保制度产生的根本原因和推动因素。

三、担保法及其表现形式

担保是民事活动中为保障债权人债权的实现而承担的特别保证，担保法则是这种保证活动规范化、制度化的法律体现。

担保法律制度历史悠久，是民事法律体系的一个重要组成部分，自罗马法以来，各国对担保制度十分重视，逐步建立了担保法律制度，并随着商品经济的发展而日臻完善。

由于担保活动设置不同的对象，所以不同的担保方式也往往分别规定在不同的法律或同一法律（如《民法典》）中的不同章节里。从目前各国的担保法来看，主要表现形式有以下几种。

（一）民法典

大陆法系国家，如法国、德国、瑞士、日本、葡萄牙等国大都采用这种立法形式，以民法典确立较为统一的担保制度。但民法典本身不设专门的担保篇章，而是根据担保行为所属性质，分别规定在民法典中的不同章节里。例如，关于保证担保，一般规定在民法债编里，性质上是作为一种合同；关于物权担保，一般规定在担保物权里，性质上是作为一种物权；关于定金，有的规定在合同总则中，有的规定在买卖合同中，而准用于其他有偿契约。

（二）其他法律的专门规定

除了民法典外，一些国家和地区还在其他单行法规中对涉及的担保活动进行规范。例如，在公司法、房地产法、海商法等法律中也都有相应的担保制度内容。而英美法系的国家没有统一的民法典，往往由过去的判例和一些单行法规或其他法律中涉及担保的规定加以规范。

（三）统一的担保法

目前，在世界范围内，采用这种立法形式的国家只有中国一个。我国的担保法将性质不同的保证合同、担保物权和定金根据其设置的相同目的而统一规定在一部专门的法律中，这种立法形式在世界担保法律制度上尚无先例。应该指出的是，上述三种立法形式并非绝对的、一成不变的。

一个国家往往以一种立法形式为主，兼而采用其他形式。例如，我国除了担保法之外，还在其他领域的单行法规如房地产法、公司法、海商法、航空法等法律中也相应规定担保内容。

四、担保法的作用

担保法律制度是一项古老的民事法律制度，我国古代就有质、押等担保活动，西方在罗马法中已有一套较为完备的规定，而1804年的《法国民法典》规定得更为详尽。在各国的民事法律中，担保制度占据重要的地位，这主要是由担保制度的作用决定的。

担保法能保证债权人的债权得以实现，这是担保法最根本的作用。债权人和债务人之间建立债权债务关系后，理论上而言，债务人的财产是债权人债权的当然担保。但由于债务人可以和其他债权人继续建立债权债务关系，因此债务人的财产担保是不确定的，债权人的债权得不到切实的保证。而根据一般民法原理，债务人以其所有财产清偿债务时，对各债权人原则上一律平等，并不考虑债权成立的先后和债权的种类。当债务人的财产不足以清偿债务时，各债权人只能按照各自债权在债务人全部债务中所占的比例实现债权，这样客观上并不利于特定的债权人实现自己的债权。担保制度的设立，弥补了这一缺陷，使得特定的债权除能得到债务人的财产进行的一般担保之外，还能得到债务人的财产或第三人的财产或信用所设置的特别担保。担保制度成为保障债权实现的一项强有力的法律制度。

担保法能推动经济合同的全面履行。在市场经济条件下，社会的经济活动最普遍的是通过订立经济合同的形式来进行。公民、法人或其他经济组织通过经济活动所要获得的经济利益，也是通过订立经济合同来实现的，经济合同的履行促进了商品流通和资金融通，客观上推动了社会经济的发展。但是由于种种原因，并非所有的经济合同订立后都能得以履行，如果无法履行，社会的经济活动就会阻断。担保制度的设立，能够促使债务人按约清偿债务，保障债权人债权的实现，从而推动和保障经济合同的全面履行，保证社会经济活动的连续性。

第三节　网络金融法律制度

一、网络金融的法律风险及违法犯罪样态

随着网络金融的产生及发展，不可避免地就要考虑和研究网络金融的风险问题。尤其是随着网络金融不断创新，带来了更加多样化的网络金融法律风险，并且这同网络金融相关的犯罪之间也存在着一定的逻辑关系。

（一）网络金融法律风险的特征

1. 风险因素的不易控制性

网络金融法律风险的发生以及其造成实际风险损失，是法律风险的各相关因素共同作用，从而引起的一种结果。引起法律风险的因素有很多，当事人可在一定程度上对主体、环境、行为这类风险因素有一定控制或闪避，但是确实客观存在一些当事人无法依靠其主观意志所控制或不可避免的因素。正因为存在这些不易控制的风险因素，才使得法律风险是否发生以及发生后的损失程度存在一定的不确定性。导致这些因素不易控制的原因也不尽相

同，一些因为鞭长莫及而无法控制，一些是因为当事人在行为能力、知识储备、认识能力等方面有所限制，从而导致无法对法律风险进行准确识别。当前处于互联网时代，网络金融随着互联网的发展而发展，但是该领域还没有建立起健全的法律法规，并且网络金融混合了互联网及金融的多种风险环境，此外，从事网络金融的经营管理者来自各行各业，一些经营者甚至从未接触或从事过与互联网或者金融相关的行业，各种因素的相互叠加导致网络金融法律风险不易控制的特点更加突出。

2. 法律风险预见的复杂性

风险，是指发生危险的可能性。网络金融法律风险也是指一种发生危险的可能性，即使是确实存在的网络金融法律风险，但是因为风险的发生与结果之间并没有必然的直接性，所以即使存在风险也不一定会演变为现实的损失。即使是那些当事人不能完全控制的，对网络金融法律风险的爆发具有决定性作用的因素，只要还没有发生风险因素转化为风险结果的过程，那么风险还只是一种可能性，并不会转变成现实的风险损失。这类情况也会发生在网络金融领域。例如，在P2P网络借贷过程中，如果出借人发现借款人存在明显的违约行为，并且出借人也掌握了一定的事实证据，但是只要借款人并没有放弃自己的债权，那么在当前的情形下这种违约行为只是一种可能无法实现债权的风险，并没有从风险转化为确定的现实损失，直到借款人确实放弃了该笔债权或确定该笔债款最终无法收回时，该风险才确实转化为现实的损失。

3. 法律风险后果的不确定性

一般情况下，并不能确定单一的风险能引起多大规模的损害后果，行为人通常只能对可能发生的损失进行一定预测，只有在少数情况下，才能确定该风险的损失。风险引起的损失结果是由多重因素共同作用的结果。首先，在立法层面上就存在一定的不确定性，因为很多法律规范本身只对法律后果进行了一个范围化的规定，而且有一些法律后果可以是多种方式同时并用，只要是在这一选择范围内选出一种和风险事件相对比较平衡的处理方式，就属于正常的法律后果。当前在网络金融领域，立法相对较慢，这也增加了立法层面上法律风险的不确定性。其次，除立法原因以外，因为在执法过程中存在对法律的不同理解以及在具体的执行方式上存在一定差异，也会导致大量的不确定性因素的存在，尤其是在一些地方，存在一些对当地经济具有十分重要的作用的企业，这些企业很可能会干扰所在地政府部门的正常执法行为，这也会造成法律风险的不确定。目前，在网络金融领域，的确存在执法层面的较大差异，尤其是从2015年开始，P2P平台遭遇“跑路潮”，一些地方执法部门将这种行为归为刑事犯罪，但也有一些地方执法部门则认为这种行为是民事犯罪，因为P2P平台和网络金融消费者之间属于民事法律关系，这就能反映出网络金融法律风险的不确定性。

（二）网络金融数据安全风险

数字经济时代，数据是金融的血液，数据要素融入金融服务全流程，贯穿业务运行全链条，数据安全是金融安全、平稳、健康发展的重要基础。践行数据安全发展观，建设数据安全发展生态，是加快金融数字化转型步伐，全面提升金融业综合实力和核心竞争力的关键一环。数据安全是金融机构数字化转型过程中必须面对的挑战，目前金融数据安全治理仍任重道远。本节阐述数字经济时代金融数据安全面临的新形势，梳理总结我国目前在金融数据安全治理方面的举措，分析《中华人民共和国数据安全法》（以下简称《数据安全法》）出台对金融行业的影响，并提出金融行业数据安全治理建议。

1. 数字经济时代金融数据安全新形势

习近平总书记强调：“要切实保障国家数据安全。加强关键信息基础设施安全保护，强化国家关键数据资源保护能力，增强数据安全预警和溯源能力。”数据安全逐步成为金融稳定甚至国家安全的重要影响因素。现今数据资产作为金融业的重要财富，是金融机构的核心竞争力之一，海量数据中蕴含着大量个人隐私，一旦发生泄漏事件，会给用户和金融机构带来负面影响与经济损失，甚至面临法律责任。

大数据、人工智能等新兴技术的快速发展和在金融行业的落地实践，不断催生新的金融服务和金融业态，是促进金融数字化转型和推动经济社会发展的新动能，为用户带来便利、降低准入门槛的同时，也为金融行业的数据安全带来不确定性，增加数据安全风险。此外，无论是金融机构还是消费者，均存在数据安全保护意识欠缺、对数据安全风险和泄露危害认识不足的现象，导致个人隐私泄露等安全事件频发，数据安全保护工作刻不容缓。

2. 数字化转型中金融数据安全新挑战

（1）创新发展与数据安全难以平衡

金融机构面临海量数据，存在统筹数据安全与数据应用困难的问题。一方面借助技术优势创新应用，可能造成过度或违规使用用户数据，导致隐私泄露；另一方面保守不前则造成数据资源的冗余和浪费，无法充分释放数据价值，致使出现不敢用、随意用的现象。

（2）数据安全信息共享难以实现

监管层面缺少数据安全工作协调机制，长期存在的数据壁垒和数据孤岛问题难以破解，致使数据难以实现跨部门、跨机构、跨市场间共享和有序流动，金融机构海量数据资源难以有效盘活。

（3）数据安全保护难以精细分级

金融数据种类繁杂，结合业务场景、生命周期不同阶段对金融数据进行详细分级；实施标准管理，是金融机构建立完善的金融数据生命周期保护框架的基础，也是金融机构实现数据安全管理的必要条件。但目前金融机构普遍存在未对数据进行精细分级的情况，同样的数据在不同行业、不同业务场景、不同生命周期对应的敏感级别各不相同，导致金融机构难以对大量数据进行详细分类，实施有针对性的数据安全保护策略极为困难。

（4）数据全生命周期防护能力不足

金融数据在不同生命周期对应的安全级别不尽相同，属于动态变化过程，因此需要针对不同数据特点，建立健全金融数据全生命周期安全管理长效机制和防护措施。

（5）数据安全防护措施相对传统

目前各金融机构，尤其是小微机构仍大多通过网络边界防护和阻止网络攻击等方式保护数据安全，数据在静态条件下能够保持安全，但难以发挥出数据潜力，产生更多用户价值，与数据要素市场化的目标背道而驰。

（6）数据标准和数据质量存在短板

数据治理复杂烦琐，横跨技术、业务、管理等部门，金融机构需要加强数据标准化、规范化建设，强化收集数据质量把控。但由于业务、技术差异导致各金融机构难以统一数据标准，数据采集、获取标准自成一体，导致数据在一致性、准确性方面各有参差，加大了金融数据治理和跨部门数据融合应用的难度。

在金融数据安全治理方面的举措。2021年，《数据安全法》《中华人民共和国个人信息保护法》先后正式颁布，这是我国专门针对数据安全和个人信息保护的两部法律，标志着我国以数据安全保障数据开发利用和产业发展全面进入法治化轨道，重要数据及个人信息保护成为时代需求。安全是发展的前提，发展是安全的保障，近几年我国高频率出台数据安全相关政策，是响应国家数字化产业发展的需要。金融业作为拥有海量数据的行业，要切实高度重视数据治理和个人信息保护工作，不断开发数据要素价值，持续激活数据要素潜能，加快数字经济建设，为数字经济发展营造更好的发展环境，助力构建与数字经济相适应的现代金融体系，为数字金融的实现保驾护航。

3. 金融数据安全治理路径

数据安全治理是金融数字化转型的基础保障，《数据安全法》为金融机构数据安全工作带来新的机遇与挑战。金融机构应在监管规范和标准之下，紧密结合自身实际开展数据安全治理工作，从健全数据安全组织、提升数据安全管控、推进数据安全分级和强化金融科技支撑等方面，平衡好数据安全可控与发掘应用之间的关系，优化发展规划、组织架构、制度规范，提升技术管控能力，更好地应对数据安全风险挑战。

（1）健全数据安全组织，完善制度规范

数据安全管理工作覆盖数据管理部门、业务部门和技术部门，因此金融机构管理层面须高度重视数据安全问题，建立跨部门的数据管理机制至关重要；明确金融数据保护是各业务部门的职责所在，要打破部门之间的壁垒，构建以“谁主管、谁负责，谁生产、谁负责，谁使用、谁负责”为原则的数据安全管理机制；信息技术部门负责统筹协调推进，在现有数据安全法律法规、标准规范的基础上，根据金融科技和业务发展态势及时完善数据安全制度。

（2）提升数据安全管控，强化监管协同

监管层面需要建立数据安全协调工作机制，加强“一委一行两会”[1]金

[1] “一委一行两会”是金融稳定委员会、中国人民银行、中国银行保险监督管理委员会、中国证券监督管理委员会。

融监管部门交流和信息共享，统筹协调数据安全管理工作，强化各部门与金融行业之间的协同合作，不断强化防范化解金融风险的能力。协同做好跨地区、跨行业、跨平台的数据安全治理工作，推动数据安全治理信息共享。打破监管壁垒、弥补监管真空，实现对金融机构的全面监管。

（3）推进数据安全分级，梳理数据资产

金融机构要遵循监管部门印发的标准规范，结合自身实际，细化具体数据项，制订敏感分类等级，针对不同敏感度的金融数据制订对应管控策略，并根据合规要求和技术手段的发展趋势不断优化。同时，要根据金融数据定级标准，对金融数据资产开展梳理，实施重要数据的打标识别，以实现对金融数据更精细化的安全管控。

（4）强化金融科技支撑，增强防范能力

金融创新发展始终离不开数据的有力支撑，强化金融科技治理，需要数据安全保驾护航。梳理数据安全技术，迭代优化关键技术，不断加强机构自身数据安全能力建设，逐步建设安全高效的金融科技保护体系，实现数据可用不可见、数据不动价值动，助力金融科技支撑数据安全治理。

数据要素是金融机构的核心资产，数据安全是数字经济发展的前提条件。金融机构进一步增强金融责任意识，积极落实《数据安全法》，积极贯彻落实、完善管理体系，保障好金融数据安全性，大力完善数据安全体系，为不断发展数字经济时代新金融实践提供高效、有力的数据支撑。

4. 隐私计算技术赋能金融数据安全共享

随着金融业数字化转型步入深水区，《数据安全法》等法律相继颁布实施，数据安全合规已成为数据共享融合赋能，升级迭代金融服务创新能力的必要前提。在传统场景下，参与训练的数据多由客户资产、交易、风险数据、客户行为数据构成，这部分数据多在银行系统产生并积累，难以切入客户的其他生活场景。另外，基于线下网点的传统经营模式制约了银行数字化产品的跨越式发展，尤其是对于区域性银行而言，网点的区域限制和客户经理圈层营销瓶颈使得银行金融服务难以触达渠道外的新客群。

目前，部分银行已充分意识到深挖数据价值在产品风控和营销获客方面的重要作用，但在越来越严格的数据安全和隐私保护监管制度约束下，面对数据安全与数据共享的两难困境，以多方安全计算为代表的隐私计算技术提供了创新型的解决方案。

（1）隐私计算技术的应用现状

当前隐私计算技术的数据流通场景主要有三种，包括单数据方的主动开放、无数据方的申请使用以及多数据方间的联合计算。单数据方主动开放主要是公共管理和服务机构面向具有资质的机构提供符合开放条件的公共数据，主要采用差分隐私等技术手段进行隐私保护，是发挥数据基础服务价值的有效手段。无数据方申请使用类似于传统征信查询或第三方数据服务接入场景，通过采用隐私集合求交（Private Set Intersection，PSI）和隐私信息检索（Private Information Retrieval，PIR）等技术获得满足隐私保护要求的外部数据服务。多数据方联合计算场景的参与主体可以是两方或者更多方，通过采用多方安全计算、联邦学习等技术，在联合风控、联合营销等应用领域充分挖掘各方数据价值。

在传统模式下，银行与第三方数据公司开展联合建模时，需要整合两方数据并统一在某一方进行建模，对双方而言都存在一定的数据泄漏风险。在应用多方安全计算的联合建模流程中，双方先进行样本对齐，然后再利用同态加密算法交换各自计算的中间结果，最终实现在不共享原始数据的前提下，通过交换加密的中间参数构建机器学习模型。

（2）基于多方安全计算的可信数据共享

对银行而言，客户通过各种金融活动在行内系统中累积的大量历史数据，对于评定客户信用至关重要，但这只是客户属性的一面，银行需要更丰富的数据来源为客户提供更精准的金融服务。例如，通信运营商的系统中沉淀了用户大量通讯、数据、位置等信息，如果在数据合规应用的前提下，充分融合应用银行和运营商数据，将极大提升银行对客户的欺诈甄别、风险控制以及精准营销能力，通过运营商为客户提供多样性的金融服务。为了达到数据要素价值“1+1>2”的效果，银行和运营商之间采用以多方安全计算为代表的数据流通方案将有效解决跨机构数据共享难题。

搭建多方安全学习平台，建立隐私数据安全共享机制。例如，重庆农商行通过搭建多方安全学习平台开展预测建模，银行与运营商只进行协同隐私计算，原始数据在双方本地进行隐匿计算处理，未泄露任何用户标签信息。通过隐私计算算法实现运营商数据不出库，仅通过交互多方安全计算的隐匿计算因子供银行建模，并输出风险信用评分。模型从运营商的维度较好地识别了流水、征信等银行自有数据无法判断的风险，提升了银行对客户的风险识别能力。

建立基于区块链的外部数据授权和传输可信通道。在合规有效应用运营商数据的基础上，为进一步提升对客户信用风险识别能力，重庆农商行接入重庆市民政局、重庆征信、重庆市公积金中心、中国银联、百行征信等数十家政府或商业数据服务机构，不断健全和提升客户识别能力。但随着数据隐私相关政策要求的不断升级，传统数据调用授权流程难以解决数据流向不清晰、信息调用不透明等问题。区块链技术由于其安全、透明、共记一本账及不可篡改等特性，能够改变常规交易流程和数据保存方式，大幅降低信息交换成本，提升数据可信度，有效解决了机构间相互信任难、数据隐私保护弱、交换不及时、数据不一致、业务协同难、数据可溯性差及信息共享和公开范围小等诸多问题。

以重庆农商行与重庆市公积金间的数据共享为例，双方建立了基于区块链技术的交互平台系统，实现了公积金数据授权和传输可信安全通道。该系统主要由“交互节点”和“管理后台”两部分组成。在该交互平台中，“交互节点”部署在待接入应用系统前端，负责提供具体的业务接口、业务接口数据的校验以及与区块链平台的对接；所有待接入交互平台的应用系统只需和“交互节点”进行对接，降低了各应用系统的接入难度。交互平台“管理后台”部署在“交互节点”后端，通过与“交互节点”和区块链平台的对接，实现对交互节点和区块链平台的查询、管理及统计分析功能。通过区块链应用交互平台实现公积金中心与银行之间的数据共享交换，且满足可信、可追溯、不可篡改、不可抵赖的要求。

（3）基于外部数据合作的纯线上信贷服务

为充分拓展外部合作机制，通过多方安全学习和基于区块链的数据可信交互，挖掘外部数据要素价值，重庆农商行开发纯线上信贷产品“渝悦贷”作为外部合作产品，在业务流程中主要包括渠道引流、客户贷款申请、银行授信审批、信贷发放等几个重要环节，其中风险防控是重点关注项。“渝悦贷”产品通过采用多方安全计算有效解决跨机构数据融合价值发展中的隐私保护问题，采用基于区块链技术的可信数据交互通道，同时充分借助外部机构服务覆盖优势，有效扩大银行服务面。

产品完全自主设计，风控模型自主开发。“渝悦贷”由重庆农商行自行设计开发，后台风控模型自行开发，一方面实现风控模型的自主掌控，另一方面构建银行自身企业风控人才体系，严格保障模型生产过程中的有效性和稳定性，同时持续满足模型高频迭代要求。外部数据深度合作，提升自主风控能力。产品采用多方安全学习技术，在保护客户隐私的基础上建立银行和运营商等外部机构在数据应用等领域的深度合作关系，通过外部数据有效识别银行客户金融属性以外的风险，弥补现有线上产品风控数据单一的短板。

产品线上自动授信审批、自动差异化定价、自动支用审批。通过大数据建立风控模型，自动对贷款进行授信审批、差异化利率定价和支用审批，特别是放款流程线上化，将贷款的支用环节移至线上，减少人工参与，改变传统人工支用审批、柜面放款的方式，全面提升客户体验。外部渠道引流获客，扩大服务半径。产品以运营商等外部机构的生态场景为授信入口，基于合作机构数据筛选符合银行准入标准的目标客户，精准定位目标客群，开展主动营销，将合作机构的客户转换为银行客户，弥补现有线上产品获客渠道单一的短板，扩大银行获客来源和服务半径，提高行外客户转化率，找到新客群和新的利润增长突破口。

（三）网络金融违法犯罪的类型

网络金融违法犯罪类型化，是指按照不同的标准对网络金融违法犯罪进行的归类。对网络金融违法的分类，主要是从涉及的罪名和内在关系的角度进行的，通过对网络金融违法犯罪进行科学合理的分类，保证刑事法律对该领域内的犯罪进行科学评价，以此为基础实现刑事法律控制犯罪的目的。此外，根据不同犯罪类型进行针对性分析，可以在预防犯罪方面，提供在各个阶段、各个环节以及各个重点领域等方面的经验支持。

从网络金融的刑事法律风险角度来说，主要可以将网络金融犯罪分为三类：第一类是经营正当网络金融业务的犯罪化风险，这类犯罪包括涉嫌擅自设立金融机构犯罪、非法吸收公众存款犯罪、非法经营犯罪、集资诈骗犯罪等；第二类是利用网络金融实施违法犯罪行为的犯罪化风险，如挪用资金犯罪、诈骗犯罪、职务侵占犯罪、盗窃犯罪、涉嫌洗钱犯罪等；第三类是利用第三方网络平台进行资金转移、网络赌博、非法集资、网络炒汇等违法犯罪行为，如银行卡犯罪、网络赌博犯罪、网络传销犯罪等。

从网络金融犯罪与金融创新的相关性角度来说，可以将网络金融犯罪分为两大类：第一类是利用互联网实施的金融犯罪，第二类是关于金融创新产品是否涉嫌犯罪。在金融犯罪的过程中，这类犯罪的行为边界比较模糊，对于金融产品的定性也还存在一定争议。

从互联网的角度来说，可以将网络金融犯罪分成三大类，即将网络信息技术当作简单的存储和传输手段，以此为基础设施的金融犯罪；将网络信息技术作为其重要传播手段而实施的犯罪；相对较为纯粹的网络金融犯罪。❶

从在该领域可能产生犯罪的角度来说，可以将网络金融犯罪分为三类。第一类是由网络金融平台提供者作为犯罪主体的犯罪行为，如洗钱、非法集资、非法吸收公众存款等；第二类是网络金融行业的普通参与者作为犯罪实体实施的犯罪行为，如诈骗、侵犯商业秘密等；第三类是将互联网作为实施对象的扰乱金融秩序犯罪。❷

从参与主体的角度来说，可以将网络金融犯罪分为两类：第一类是将网络金融平台作为工具实施的犯罪，如网上制假售假、证券期货违法犯罪活动、网络炒汇等犯罪行为；第二类是将互联网作为平台实施的金融犯罪，如侵犯商业秘密、诈骗等犯罪行为，产生这类犯罪的根本原因在于个人在网络活动中泄露了个人信息，甚至是个人信息被买卖。❸

我国网络金融犯罪类型化的问题，在规模、种类方面都在随着实际情况的变化而不断变化，根据网络金融犯罪对互联网的依赖程度，不同类型的犯罪也具有不同的特点，但是在区分网络金融犯罪上需要将金融的本质作为重点，应该关注网络金融犯罪考察期或观察期的表征特殊性。一般来说，可以将网络金融犯罪分为网络金融作为犯罪主体的犯罪、网络金融作为犯罪对象

❶ 李尧.刍议网络金融犯罪的侦查取证[J].陕西警官高等专科学校学报，2014（1）：76-80.

❷ 姜涛.互联网金融所涉犯罪的形势政策分析[J].华东政法大学学报，2014（5）：10-19.

❸ 付耀建，付俊梅.互联网金融犯罪及刑事救济路径[J].法治研究，2014（11）：17-23.

的犯罪、网络金融作为犯罪工具的犯罪三种类型，下面就按照这种分类方法进行分析。

1. 网络金融作为犯罪主体的犯罪

犯罪主体，是指实施犯罪行为的自然人和单位，具体来讲就是实施危害金融秩序的行为、按照法律规定应该负有刑事责任的自然人和单位。网络金融作为犯罪主体的犯罪，也称为网络金融企业本身实施的犯罪。该类型的犯罪主要有擅自设立金融机构罪、洗钱罪、非法吸收公众存款罪、挪用资金罪、非法经营罪、集资诈骗罪等。按照当前的情况来说，非法集资类犯罪是比较典型的犯罪类型，以开展P2P网络借贷业务为名实施非法集资行为为例，主要存在以下类型。

（1）“理财—资金池”模式引发的涉及资金池的违法犯罪

一些P2P网络借贷平台将借款需求设计成理财产品并将此产品出售给放贷人，或者先进行资金的归集之后再寻找借款对象等，通过这类P2P平台将放贷人资金存储在P2P平台的中间账户，从而形成了资金池。在这种模式下，P2P平台涉嫌非法吸收公众存款违法犯罪。

（2）不合格借款人导致非法集资风险而引起的违法犯罪问题

不合格借款人，一般是指虚假项目或虚假借款人。有一些P2P网贷平台的经营者并没有对借款人身份进行严格的核查，导致一些借款人使用假身份在平台上借款，甚至默许借款人在平台上以多个虚假借款人的名义发布大量虚假借款信息，面向不特定的多数人募集资金，将这些资金用于投资房地产、股票、期货等市场，甚至有些借款人将非法募集的资金通过高利贷的方式借出以此赚取利差。这些借款人的行为涉嫌非法吸收公众存款违法犯罪，相关的网络金融平台有可能涉嫌共犯。

（3）典型的“庞氏骗局”引发的违法犯罪

“庞氏骗局”是对金融领域投资诈骗的一种叫法，这是金字塔骗局的一种变体，有很多非法的传销集团都使用这种方法非法敛财。“庞氏骗局”在我国可以理解为“拆东墙补西墙”或“空手套白狼”，也就是指利用新投资人的钱来向之前的投资者支付利息和短期回报，这样使之前的投资人认为投资有所回报，以此骗取更多投资的行为。

2. 网络金融作为犯罪对象的犯罪

这类犯罪主要是以网络金融作为犯罪行为侵害对象的犯罪。在这类网络金融犯罪中，犯罪行为人会将网络金融企业或者平台作为对象实施盗窃、诈骗等犯罪活动，其中网络金融企业是刑事案件形式上或者实质上的被害方。这类犯罪主要表现在以下几个方面。

第一，利用非法手段进入网络金融系统，从而盗取资金或者对计算机系统造成损害形成的犯罪。网络虽然十分便捷方便，却存在一定固有的技术缺陷，还可能存在一些管理技术方面的疏漏，这就导致犯罪行为人可以通过一定方法侵入网络系统内部，通过篡改数据等方式将网络金融的在途资金占为己有。

第二，通过非法手段截获网络金融企业、企业客户以及他们之间交流的信息，非法进入网络金融企业账户划拨资金或者硬性上账的犯罪。在网络金融企业与客户之间的交流中，很可能包含一定商业机密或者个人隐私信息，如客户的信用卡账号、口令等。犯罪分子通过计算机技术截取这些信息，并以此实施相关的犯罪行为。

第三，通过伪造或变造金融凭证的方式实施相关的犯罪活动。犯罪分子利用互联网伪造或修改对账单等金融凭证、设立钓鱼平台或安置链接，实施金融诈骗活动。

第四，犯罪分子攻击网络金融系统和信息系统，或者向他人提供专门用于侵入、非法控制计算机信息系统的程序与工具，或者在知道他人要实施侵入、非法控制计算机信息系统的违法犯罪行为的情况下依旧为其提供程序与工具，导致网络金融企业的重要信息系统工程以及重要环境遭到破坏的。

3. 网络金融作为犯罪工具的犯罪

这类犯罪主要是指利用网络金融作为犯罪手段实施的犯罪，较为典型犯罪是洗钱。随着支付方式的不断发展，洗钱犯罪从传统支付工具开始逐渐转移向信息化支付工具、移动支付工具。就目前情况来说，我国网络洗钱犯罪处于高发状态，通过网络交易实施洗钱犯罪已经成为犯罪分子经常采取的方法。网络金融领域中的洗钱行为主要有以下几类：利用网上银行通过地下钱庄进行洗钱的违法犯罪活动，通过第三方支付平台转移或清算的方式处理网络赌博、非法集资等非法获取资金，通过网络进行炒汇、炒金的犯罪行为，开展网络传销的犯罪行为，通过网络实施证券期货违法犯罪活动，银行卡犯罪，在网络平台上实施制假售假的犯罪行为。随着移动支付手段的推广和普及，移动支付成了犯罪分子的最新犯罪工具。犯罪分子会通过钓鱼网站、木马病毒植入等方式，盗取用户的个人隐私信息，之后从用户的银行卡中转走资金。除此以外，一些不法分子通过第三方支付平台将信用卡金额充入支付账户，随后再从账户中进行提现，或是通过制造虚假交易来实现资金非法转移套现，如浙江东阳的“耿继威等诈骗案”。

二、网络金融法律监管制度探索

随着网络金融的不断发展，金融行业也涌现出不少问题，为了保证行业的健康稳定发展就需要对其进行科学合理的监管，网络金融法律监管制度的建设是促进网络金融健康发展必不可少的一部分内容。网络金融是新兴行业且具有极强的创新能力，对其进行监管要保证监管制度自身的前沿性。目前，网络金融法律监管方面仍然存在很多问题，这也是该行业急需解决的一个重要问题。

（一）网络金融监管的必要性

1. 网络金融中，个体行为可能非理性

这是指在非理想状态下，参与市场活动的市场主体可以采取一些非理性行为。例如，在P2P网络借贷模式下，投资者购买的实际是针对借款者个人的信用贷款。即使P2P平台有能力对借款者信用风险进行准确评估，也有能力进行投资分散，不可否认的是个人信用贷款仍然存在较高的风险，一些投资者可能并不能对投资失败带来的个人影响具有充分认识。

2. 市场纪律不一定能控制有害的风险承担行为

在我国的金融市场中，存在大量针对投资风险的各种隐性或显性担保，如隐性的存款保险、银行对柜台销售的理财产品的隐性承诺等，而人们对这种现象已经逐渐习惯，默认了“刚性兑付”的常态，这就导致风险定价机制出现了一定程度的失效。

（二）现行网络金融法律监管制度基础

对网络金融的监管包括网络金融的域名注册监管、网络金融的金融服务程式和真实性监管、网络金融的记录交易稽核监管、网络金融的系统安全与责任分摊监管、网络金融的金融犯罪监管和网络金融的前瞻性立法监管等。

金融监管当局主要对网络金融机构经营的各类虚拟金融服务的价格进行一定监管。政府对网络金融机构的监管，一方面是对网络金融机构的监管，也就是对这些机构经营的网络金融服务进行监管；另一方面是对网络金融行业进行监管，也就是针对网络金融机构对国家金融安全和其他管理领域形成的影响进行监管。

1. 企业级的监管内容

在实际监管中，政府对网络金融机构的监管并不体现在对网络金融机构提供的虚拟金融服务价格方面的监管，而是体现在几个具有全局性的网络金融问题方面，包括加密技术及制度、电子签名技术及制度、公共钥匙基础设施（PKI）、税收中立制度、标准化、保护消费者权益以及隐私及知识产权保护。

金融监管当局对网络金融机构从事业务的监管包括以下三个方面。

第一，对网络金融机构具有的安全性能进行监管，包括对公共钥匙基础设施（PKI）、加密技术及制度和电子签名技术及制度的监管等。

第二，向企业和各级相关政府部门提供电子商务和网络金融的国内以及国际标准化框架，为其提供标准化的税收中立制度。监管网络金融的标准化水平，以此为基础促进全国各金融企业之间电子信息的互联互通的实现。对网络金融的网络交易实行税收中立政策，免征网络交易税，积极促进民族电子商务的发展。

第三，对网络金融消费者的合法权益进行监管。通过合理监管防止网络金融机构利用自身的隐蔽行动优势向其消费者推销各种不合格的服务或者那些风险过高的金融产品，防止消费者的合法利益遭受损害。保护消费者的隐私权及维护知识产权在网络中不会受到侵犯，同时也对开展网上交易活动的消费者权益进行广泛保护。为了实现其保护目标，监管部门有必要向网络金融机构以及消费者权益保护组织提供保护网上交易的消费者的非强制性商业指导规则。

除此之外，金融监管当局将网络金融机构的网上广告作为其监管的主要内容之一，以此保护消费者不会被一些虚假或过于夸大的广告所蒙蔽和欺骗。

2.行业级的监管内容

第一，科学评估网络金融机构的金融风险和金融安全问题，以及其可能对国家经济安全造成的影响，并对其进行严格监管。也就是评估网络金融机构风险可能对国家金融造成的风险以及其影响程度，确定金融监管当局对网络金融机构各种虚拟金融服务品种的监管内容。

第二，对网络金融机构系统风险的监管。对可能产生系统风险的各类环境及技术条件进行科学监管，尤其强调对系统安全性的监管。

第三，对网络金融的一些违法行为进行监管，如非法避税、洗钱等行为。对于网络金融监管当局来说，保证绝对安全是一个十分重要的课题，因为不论是互联网，还是网络金融机构，都存在一定安全问题。但是，政府管制又涉及避税和洗钱等问题。由于以上这些因素，政府监管部门坚持反对私人采用牢固的电子加密方式保护网站的安全。但是政府监管当局又不能为那些合法网站提供具有高安全性的有效加密技术援助。

第四，网络金融再造金融监管新理念。网络金融既为银行业带来了挑战，也为其带来了机遇。对当前形势没有充足认识、行动力不强的银行，在愈发激烈的竞争市场中将会面临越来越艰难的局面，因为平台建设的后发劣势日益难以扭转。但还有一些银行成功把握了网络金融趋势，对于它们来说其接触客户的渠道能力将显著增强，大数据技术使其信用风险管理等业务能力持续有效地提高，这些优势使银行进一步挖掘小微信贷、消费信贷这些蓝海业务创造了更多机会。随着网络金融的发展，其对银行业的影响也会更加深远，这样的环境进一步加深了银行业内的优胜劣汰竞争机制，而这种机制的运行有利于行业的市场化。

为了迎合这种大趋势，很多银行做出了反应，如华夏银行现金增利货币基金在百度金融中心理财平台正式上线。起初是传统金融机构在互联网上进行一定延伸，随后便是P2P、众筹模式的兴起，之后又开展了阿里巴巴、百度等互联网企业与金融业的主动融合，寻求共同发展，我国网络金融呈现出蓬勃发展态势，而这也对传统金融监管理念提出了更高的要求。

近年来，我国网络金融业高速发展，电子银行、手机银行、互联网支付等各类网络金融业务都得到了迅速发展。P2P和众筹等新兴业务也取得了一定成果，但同时也存在一定问题。为拓展互联网金融业务，一些商业银行充分利用大数据时代的信息处理成本优势，发展网络贷款业务，推进网络金融商城建设。

虽然互联网技术为人们提供了更为方便快捷的服务，但是其也使得金融风险传播的速度与范围更难控制，这也要求传统金融监管理念必须适应时代潮流进行革新。在传统金融模式下，机构监管是审慎监管的基础；在网络金融模式下，金融机构的中介作用有一定淡化，对金融消费权益的保护成为监管的重要基础。在互联网上开展金融业务，导致金融消费者的个人信息以及商业机密更容易被泄露并传递。排除网络金融的影响，传统金融业也已经出现了一定混业经营的发展趋势。而网络金融的产生和发展加快了金融业业内的融合，并且导致非金融业与金融业之间的界限也越发模糊，传统的分业监管体制不再符合当前的监管要求，也无法充分发挥其监管作用。在这种模式下，基于功能监管的大金融监管将逐渐成为监管的主流。网上交易实现了无纸化，并且可以不留痕迹地对交易记录进行修改，业务数据发生瞬时波动的可能十分大，所以单纯依靠传统的查询书面凭证、业务数据监测的监管方式已经不适用这种模式，这类传统监管方式已经失去了效力。在传统金融模式下，还有一定方法可以预测和处理系统性、区域性金融风险，但是在网络金融模式下却很难对这类风险进行预警，因为表面上与金融无关的病毒、网上、诈骗，均有可能蔓延并转化为系统性金融风险。除此之外，网络金融跨国交易也更为隐蔽、快捷，监管当局很难对其进行全面控制，全球金融危机突然爆发的可能性大增。

随着网络金融的跨越式发展，极大地增加了金融风险监管的难度。金融监管当局一方面需要结合实际参照传统监管标准，对网络金融实施一般性风险监管；另一方面需要结合网络金融业务的实际模式与特点，针对网络技术与安全加强监管，保证网络金融的交易过程具有安全性，保证与网络业务相关的数据可靠。虽然一些国家先于我国发展起了网络金融，但对于该行业的监管都没有建立起十分完善的监管制度。根据各国的研究情况来看，监管的主要对象是金融消费者的合法权益，以及对个人信息及隐私的保护，同时也对网络金融涉及的安全技术提出了更高要求。以美国为代表的网络金融监管，重点放在补充新法律，力求将原有监管规则改造为适用于网络电子环境的新规则。欧洲监管当局的监管不同于美国，这些国家更注重于提供一个清晰、透明的法律环境，坚持适度审慎和金融消费权益保护。

网络金融是一个新兴行业，在其发展道路上不可能一帆风顺，发展的过程中面临波折是不可避免的。网购的模式也是先在国外流行的，起初在我国发展遇到了“水土不服”的情况，但是在经过不停地磨合与发展后，网购已经成为我国最为普遍的一种购物模式，同时还造就了“淘宝”“京东”等龙头企业。因此，监管部门应该有效加强网络金融业务的调查研究，合理借鉴国外相对成熟的经验，通过借鉴与结合实际探索适用于我国的网络金融监管制度，允许监管规则为了更好发挥作用进行适当突破，目标是促进网络金融更好地发展。

第四节　金融法相关案例分析

一、案例介绍

上海国有A公司于1996年与浙江某县B公司签订了一份联营合同，双方各投资350万元人民币在该县设立了C公司。根据联营合同，由B公司负责C公司的经营管理，A公司每年从B公司取得其在C公司投资的固定利润50万元人民币，B公司的关联企业D公司作为保证人向A公司出具了保证B公司每年按时向A公司支付固定回报的“保证函”。C公司设立后，由于产品在市场上缺乏竞争力，致使产品大量积压，亏损严重，自公司成立后的三年里B公司从未向A公司支付过联营合同项下的固定利润。在屡次催讨无效的情况下，A公司于2000年向法院起诉B公司，要求其支付未支付的固定利润和解除联营合同，并将D公司也列为共同被告，要求其承担支付固定利润的连带保证责任。

在法庭审理中，B公司和D公司声称联营合同中关于A公司收取固定利润的内容是名为联营，实为借贷，违反了有关法律，是无效合同。既然作为主合同的联营合同无效，那么作为从合同的保证合同也无效，据此要求法院驳回A公司的诉讼请求。

法院审理后认为A、B公司在联营合同中有关固定利润的约定，名为联营，实为借贷，是以合法形式掩盖非法目的，违反我国有关金融法规，应属无效合同，判决解除联营合同，由B公司向A公司归还350万元本金（即投资款）。由于主合同无效导致担保合同也无效，因此D公司不应承担保证责任。但由于D公司明知联营合同中的固定利润是非法约定，却仍然出具了保证函，具有主观上的过错，仍应承担一定的民事责任。根据最高法院关于适用《担保法》的司法解释第八条的规定，判决D公司承担民事责任的部分为B公司不能清偿部分的三分之一。

判决生效后，B公司向A公司支付了80万元而无力清偿剩余的270万元，D公司根据判决向A公司偿付了90万元。

二、案例分析

这起案例中，由于A公司与B公司签订的联营合同无效，导致了其与D公司间的担保合同无效，最后仅收回170万元投资款，损失了180万元。

第五章　破产法相关理论与应用

破产是当债权人出现财务上的危机时，对债务人采取的破产预防、破产清算等层面的法律制度的总称。就现代意义上说，破产法律制度将传统对债务人的贬斥行为进行剥除，从而更加重视破产重整、和解等预防制度的构建。破产法是对债权债务关系的终极性协调措施，其原则上并不是将破产程序开始前的既定权利、既定义务等进行改变，因此具有明显的程序法的性质。但是，其在对民事诉讼程序的准用中，仍存在着自己独有的规范。本章就对破产法的相关理论与应用进行分析和探讨。

第一节　破产法律制度

一、破产法律制度概述

（一）破产法的概念

破产有狭义和广义之分，而破产法也具有狭义破产法与广义破产法的概念。狭义上的破产法是指对破产清算关系进行调整的一种法律规范。广义上的破产法是指以破产清算为核心，包含所有破产重整、破产清算、破产和解在内的法律规范的总称。

此外，破产还有形式意义与实质意义之分。形式意义上的破产法指的是以破产法作为命名，以制定法这一形式出现的单行法典或者法律，如我国的《企业破产法》。实质意义上的破产法不仅仅指法典或者法律，还指的是与企业有法律关系的产生、改变及消灭而产生的所有法律法规，以及对这些法律法规所作的司法解释，其形式不仅限于制定法这一形式，还包含习惯法规则等。因此，本书所说的破产法指的是实质意义上、广义的破产法，而不是形式上的、狭义的破产法。

（二）破产法的内容

由于不同国家的国情不同，其法律传统不同，造成不同法系的国家、同一法系的不同国家之间，其破产法立法体例的选择也存在明显差异，这就导致在以下关系的解决中呈现的模式和内容也不同。下面就从几种关系来分析破产法的内容。

1. 破产法与民商法的关系

在商务事务中，“民商合一”“民商分立”是两种常见的立法体例。但破产法属于哪种，是否构成了独立的法律部门，学术上给予了不同的分析。不同的国家、不同的地区，其立法实践也有不一致的情况，有些地方将破产法纳入商法、民法等范围，有些地方将破产法作为单独的形式实施。

2. 破产实体法与程序法规范之间的关系

对于破产法的内容，有些国家或者地方将破产法中的程序性规范、实体性规范、罚则作为单独的编写内容来进行规定，有的国家或地方则按照破产程序，并不做专门的区分，而是按照顺序一一进行规定。目前，我国的破产法则采用后面一种形式，将破产管辖、破产申请与受理、破产原因、债权申报、债权人会议、破产宣告、和解与重整、破产清算、破产终结等都纳入破产法的范畴。但是，破产法并不限定于程序法规范这一单一的范畴，而程序法规范大多都服务于实体性规范，如债务人的破产财产与费用、破产债权、免责制度、破产能力等，这些也都应该纳入破产法的内容之中。

3. 破产与公司重整、公司和解之间的关系

早期，各国、各地区的破产法一般仅仅对破产清算关系进行明确的规定，而由于公司重整、公司和解与其存在本质上的区别，因此并不将公司重整、公司和解纳入破产法的范畴中。但是现如今，大多数国家、地区在破产清算的基础上增设了破产重整与破产和解，因此现代意义上的破产法是破产清算制度与破产预防制度共同支撑的。

（三）破产法的效力

破产法的效力又可以被称为“破产法适用范围”，其涉及三个层面：时间效力、空间效力以及对人的效力。

1. 时间效力

破产法的时间效力指的是破产法生效时间、失效时间以及溯及力。例如，《企业破产法》第一百三十六条明确规定，本法自2007年6月1日起施行，《中华人民共和国企业破产法（试行）》同时废止。很明显，除了《企业破产法》第一百三十二条、一百三十三条对部分特殊债权的法律溯及力问题作出说明以外，其他并未给予明文规定。但是，在该法中一些尚未审结的企业破产案件中，最高人民法院对于《企业破产法》并不具有溯及既往的效力进行了肯定。

2. 空间效力

破产法的空间效力是从空间范围来定位法律适用的范围。一般来说，国内的破产法适用于国内的全部主权领域。其空间效力主要是指破产宣告的效力所达到的财产地域范围。

3. 对人的效力

破产法对人的效力主要是指破产法对哪些主体适用以及哪些主体可以宣告破产。因此，各国的破产立法的规定存在明显的差异。有些适用于法人，有些适用于商主体，有些适用于法人也适用于自然人。

二、个人破产制度

在修订《企业破产法》的大背景下，个人破产制度的入法问题成为当前人们关注的热点。日益严重的个人过度负债问题影响个人生活，以民事执行中的参与分配制度、限制高消费制度为代表的替代性措施实施效果不佳，“催生”了个人破产制度。建立个人破产制度符合我国社会主义市场经济的发展需求，是优化营商环境的必然选择。包含个人破产制度在内的完整的破产法律是我国在市场化、法治化、国际化方面推进的一项重大举措，是对社会主义市场经济体制及其法律体系的健全和完善，对优化营商环境具有重要意义。继《企业破产法》之后，我国迄今为止未能颁行任何一部关于自然人或者商个人破产的法律，已严重不符合我国的现实需要和破产法的发展趋势。

（一）我国个人破产制度现状

我国自古以来就有“欠债还钱，天经地义”的思想，几千年的传统文化对人们关于债权债务的思维根深蒂固且影响深远。所以，在这种情况下，债主很难会支持个人破产制度的建立。因为在个人破产制度中，如果债务人选择了申请个人破产，那么在很大程度上债权人的债权不能得到全额赔偿，比如，100万的债权，可能只有10万的债权能够得到清偿。对于很多债权人来说，自然是难以接受的。2019年年底，新冠肺炎疫情暴发以来，我国一些中小微企业以及个人由于疫情影响没有办法经营从而陷入债务危机，我国目前的破产法为企业在陷入债务危机时提供了重新进行经济活动的机会，却排除了个人因为破产而得到救济的机会，在经济生活中的个人如果长期受债务影响，则会激化社会矛盾，不利于社会稳定。但是，债权人没有考虑到的是，即使债务人不申请个人破产，债务人所欠的债务也很难完全清偿。因为对于很多债务人来说，不偿还债务并非出于恶意，而是自己本身就没有能力偿还所欠下的债务，属于“有心无力”。在这种情况下，债权人就可能会通过各种不适当甚至是非法的办法或者手段向债务人讨要债务。可想而知，在债务人并非恶意不清偿债务的情况下，此种做法导致的结果绝对不可能是双赢的。相反，可能会产生债权人和债务人违法犯罪的双输局面：债权人可能会因为暴力催债，而债务人可能会因为走投无路走上违法犯罪的道路。

我国已经有地方对个人破产进行了试点，理论上已经很成熟，个别地方出台制度规范，并且积极地实践推进。从立法层面而言，效力级别最高的是《深圳经济特区个人破产条例》，因为《中华人民共和国民法典》（以下简称《民法典》）及其他法律法规都没有确立个人破产制度，地方政府和法院提出个人破产制度是“违法”的，深圳有“经济特区立法权”，加上中央的支持，率先出台《深圳经济特区个人破产条例》。其他各地则是由法院通过“擦边球”的方式试点“类个人破产制度”，最早试水的是浙江。2019年，温州中院审结了全国首例个人破产案件，不仅如此，浙江省高院在2020年出台《浙江法院个人债务集中清理（类个人破产）工作指引（试行）》，在制度层面给各级法院提供依据及指导。此外，江苏省和山东省也进行了较为成熟的制度探索。

（二）反对建立个人破产制度的原因

长期以来，我国未能建立个人破产制度的原因无外乎以下两点。

1. 意识层面：“欠债还钱，天经地义”

“父债子偿”等传统观念使得公众在意识层面排斥个人破产制度建构。实际上,“欠债还钱，天经地义”“父债子偿”这种观念在今天已然受到冲击。

《中华人民共和国民法典》继承篇的引导使得“父债子偿”的观念也不再根深蒂固。根据《民法典》第一千一百六十一条的规定，父母和子女虽是直系血亲，但相互之间仍然是独立的民事主体，父母的个人债务不需要子女承担还款义务，只有在特定情形下（子女依法继承了父母的财产，需要在继承的遗产范围内偿还被继承人欠下的债务），子女才应当清偿父母的债务。此外，英国早期也认为“欠债还钱，天经地义”，对债务人欠债不还的情况进行严厉制裁，甚至处以监禁等刑罚，将个人破产视为惩戒债务人的工具。后来才逐渐转变立法观念，将个人破产制度视为构建英国信用社会、建设金融基础设施的重要环节。可见，个人破产不会成为个人逃债的工具，所谓的“欠债还钱”等传统理念与建立个人破产制度并不冲突。

2. 制度层面：个人破产立法所需要的配套制度不健全

（1）个人财产登记制度不健全

《企业破产法》起草小组组长朱少平认为，我国的个人财产登记制度不健全，因此现在的破产问题不能包括个人。但许多学者对此持反对意见，如中国社会科学院研究所研究员邹海林博士就认为：“自然人的财产状态是否透明并非破产法所关心的首要问题”，中国人民大学法学博士李帅也认为“个人财产登记制度不是个人破产制度的基石，因为现代国家无力也不应该掌握所有公民的资产状况，个人财产登记制度也不一定能保证法院掌握负产者的财产情况”。

（2）社会信用体系不完善

有学者认为，“健全的社会信用体系是适用个人破产制度的前提，仅凭个人破产免责制度激励债务人自觉交出财产不现实，债权人的利益依旧难以保障”。同样有学者对此持反对态度，“个人破产制度的建立有利于社会信用体系的完善，社会信用体系不完善、不成熟并非个人破产制度无法建立之因，而是个人破产制度缺失之果。”

然而建立个人破产制度，进行个人破产立法是我国的现实需要，而并非意图通过制定法律来迫使人们接受个人破产制度。当前，我国建立个人破产制度所需要的配套制度虽有不完善之处，但完全可以通过个人破产立法推动相关制度走向成熟。

（三）我国建立个人破产制度的必要性

随着国家发展和改革委员会、最高人民法院、工业和信息化部等13个部门联合印发《加快完善市场主体退出制度改革方案》（发改财金〔2019〕1104号），加上《深圳经济特区个人破产条例》的出台及施行，建立全国性的个人破产制度已经成为我国当下不可回避的问题。

1. 建立个人破产制度符合我国社会主义市场经济的发展需要

一方面，市场经济就是依靠供求、竞争、价格机制来调节社会资源配置和人们利益的经济，其中竞争机制是市场经济的本质要素。通过竞争机制实现优胜劣汰，从而为市场经济的发展提供不竭动力。破产作为一种法定的市场主体退出机制，是竞争机制有效运行的保障，因此建立包括个人破产在内的完善的破产机制，是健全我国社会主义市场经济体制的需要。

另一方面，随着社会主义市场经济的不断深化，以个体工商户、合伙企业、私人企业、微商、电商等形式出现的商自然人已经成为当下市场经济发展的生力军。据统计，截至2021年年底，全国登记在册的市场主体有1.54亿户，其中个体工商户已达1.03亿户，占市场主体总量的三分之二，那么在制度设计上个体工商户等商个人自然应当与企业法人在同等条件下展开竞争。

2. 个人破产制度是优化营商环境的必要手段

世界银行发布的《2020年全球营商环境报告》显示，我国营商环境总体得分77.9分，排名跃居全球第31位。在世界银行10项评估指标中，我国“办理破产”排名提升10位至第51位。“办理破产”是世界银行营商环境评估体系的十大一级指标之一，如芬兰“办理破产”的指标排第1位、美国排第2位、日本第3位、英国第14位，这些国家都有完善的个人破产制度和成熟的个人破产实践。

3. 现行替代性措施的效果不佳，严重影响经济发展

个人破产制度缺失，使得法院在遇到债务人拒不履行债务的情况时，往往采取将其列入失信被执行人名单或利用其他污名化手段来惩罚违约债务人，如限制高消费、限制出行坐车等级等。但事实证明，这些制裁手段的效果并不明显，违规催债现象仍然呈扩大态势，法院执行部门仍在超负荷运转。

4. 民事执行中的参与分配制度

民事执行中的参与分配制度在一定程度上承担着破产制度的职能，因此享有“小破产”程序之称。我国法院现在适用的参与分配制度与个人破产制度相比，存在诸多弊端。比如，参与分配是对少数人的不透明清偿，与破产程序中全体债权人的有序清偿差别甚大；参与分配制度的终点不是消灭债权，未能得到清偿的债权债务不会被免除，债务人也无法有效退出市场；参与分配程序中，有时会出现债务人个别任意清偿或恶意清偿的情形，损害其他债权人的利益而无救济手段。可见，参与分配制度既不能替代个人破产制度，也无法保障债权人实现利益最大化。

5. 限制高消费的处罚措施疲软

限制高消费的内容较为单薄，法院监督力度薄弱，执行联动机制不健全，无法有效地整合社会各方力量，无法真正实现这一措施的效果。而且限制高消费所规定的行政处分和刑事处罚措施又会使那些“诚实而不幸”的债务人被贴上负面标签，给债务人带来不成比例的负担，影响其还债的积极性。

6. 平衡债权人、债务人的利益

债权人与债务人之间的利益孰轻孰重在破产法的发展史上一直存在，大概经历了三个阶段。最初，个人破产制度侧重债权人利益的保护，相关的制度建构非常简单，有关制度如何执行，即执行程序也不够具体。在此种情况下，很多善意的债务人的利益就没有办法得到充分的保障。比如，最初在法律制度比较成熟的英国设立破产法的目的是惩罚债务人，并且英国破产法将其行为上升至犯罪的范畴；到现在，人们开始意识到长期以来个人破产制度倾向于保护债务人的利益，忽略了债权人利益。此种情况下，也不能有效解决债权人和债务人在债务问题中的利益平衡问题；最终，在经历了理论和实践之后，许多国家才建立起兼顾债权人和债务人的利益，价值取向趋于二者平衡的破产法律制度。

破产问题涉及债权人、债务人以及社会的三方利益，在中小微企业和个人参与经济生活越来越普遍的今天，我们应该意识到破产法中的主体应包含个人。个人破产制度对于社会安定和经济安全具有重要的意义。破产制度中的诚实原则使得债务人财产能够得到公平有效的分配，对于个人债务人及其家庭来说，这种救济可以说相当重要，犹如救命稻草一般。因为在债务人没有能力对债权人财产进行清偿的时候，过度的追债讨要不仅对于债务的清偿没有任何好处，还会导致社会问题的发生。作为债务人的个体，同样需要赋予权利与尊重，破产免责可以使他们能够重整旗鼓，投入新的经济和社会活动当中去。

7. 有利于解决执行难问题

个人破产制度的长期缺位是造成债务人恶意欠款进而导致执行难的原因之一。近些年，为了破解执行难这一问题，最高及各级法院频放大招：被执行人申报财产、限制高消费、限制出国、冻结养老金等。但实践中各级法院的这一系列措施并没有能实现对被执行人的有效执行，各种原因的综合作用使得被执行人的购物等消费没有办法被人民法院和债权人监督到，老赖们因此逍遥法外。个人破产制度在我国的法律制度中已经缺失了太长时间，这就导致在债务人无力清偿债务的情形下，债权人没有办法到相关部门申请债务人破产，债务人在希望通过破产解决个人经济问题时也不能申请破产，因此在实践中会损害二者的利益。长此以往，不但会使公众对法律的权威性和人民法院执行能力产生怀疑，而且会使债权人和债务人的利益保障问题得不到解决。债权人在没有公权力救济的情况下，会进而转向通过私力救济来维护自己的权益，因此就引发了殴打债务人等社会问题。长此以往，不仅没有办法维护债权人的权益，还不利于社会的长治久安。为此，有必要推行个人破产制度缓解执行难及其引发的社会问题。

目前，国内推行的各种执行措施还只是停留在司法层面，仅从司法层面对付“老赖”还远远不够。因此，有必要尽快推行个人破产制度，使得对付“老赖”从司法层面上升到立法层面，通过法律让更多的机构、社会组织甚至全民参与到信用社会的构建当中，让“老赖”们变为破产者。

8. 优化营商环境的迫切需求

营商环境是一个国家、一个地区吸引信贷投资商业活动和市场主体的软环境，是经济健康发展不可或缺的重要市场要素，更是一国核心竞争力的重要组成部分。个人破产制度将发挥破产制度对个人的保护作用，维护和保障公民基本权利，增加社会整体公共利益。市场经济就是信用经济，信用虽然是促进市场资源优化配置的有效手段，但也不可避免地创造客观的信用风险。市场规则本身无法避免商事主体因不可归责的原因而陷入经济困境，因此，个人破产制度的长期缺失，一方面使大量个体工商户、电商、微商等个人商事主体难以获得与企业同等的破产保护，另一方面也导致企业家往往因负担个人担保而对企业经营承担无限责任，使现代企业有限责任制度落空。个人破产制度将进一步推动形成以信用为核心的社会行为激励约束机制，有力推进社会信用体系建设完善。在严格适用破产人行为限制和履行监管的基础上，构建以诚实信用为核心的免责考察制度、以信息披露为核心的重整制度、以意思自治为核心的和解制度，同时将积极推动运用区块链等信息化存证手段、府院联动等信息共享机制，及时实现全过程信息登记和公开。作为个人债务集中清理机制，一方面通过制度设计，有效确立破产准入的诚实信用门槛、免责救济的限制义务前提、欺诈滥用的严格制裁后果，另一方面通过制度红利，充分激励债务人主动披露财务困境、客观公布信用信息、及时完成信用更新。从这一点上，个人破产制度将对债务人同时发挥保护、救济、惩戒、教育等多重作用，并通过保障、激励程序参与和主动披露，在总体上为社会减少债务清理成本，及时增加客观信用信息供给，有效防止劣币驱逐良币，有助于真正树立诚信社会的正面导向，最终构建高效透明的信用激励约束机制。个人破产制度是社会信用体系不可或缺的部分，应当推行、完善相关制度，从而健全社会信用体系、促进经济稳定、缓解社会矛盾。通过立法、宣传等措施让个人信用、个人破产等制度深入人心，让失信者寸步难行。

9. 有助于中国破产法和国际接轨

近些年来，全球一体化的趋势越来越明显，世界各国在各个方面都在进行着融合发展，地球越来越像一个地球村。经济发展作为我国重要的战略部署，大力推进我国经济与世界经济的融合势在必行。伴随着经济发展的融合，作为上层建筑的法律制度也应该进行融合。破产法作为市场经济的基本法，就很有可能成为全球第一部统一的法律。自然人破产制度在现代经济发达的国家普遍都已经建立，我国加入世界贸易组织（WTO）后，在处理涉外破产纠纷时，我国现行破产法的局限性和滞后性就逐渐显露了出来。早在2000 年，世界银行就对我国当时的破产制度提出了若干建议，其中就建议我国破产制度应包括个人破产，扩大破产主体的适用范围。

在我国现行破产法的制度规定下，由于不承认个人破产能力，使很多尴尬局面没有办法得到解决。比如，在我国境内从事商业交易活动的外国人，如果不能清偿到期账务，将无法得到我国现行破产法的保护。假如我国公民在境外从事生产经营等经济活动，且负债无力清偿债务，那么外国法院能否宣告我国公民破产，我国法院又会如何处理这种宣告，是否承认外国法院对我国公民的个人破产宣告。我国目前的破产法律制度不能满足经济全球化背景下我国市场经济发展的需要，因此，建立个人破产制度势在必行而且将有助于中国破产法与国际接轨。

（四）构建个人破产法律制度的可行性

1. 法律法规制度已经基本完善

个人破产法律制度需要有完善配套的法律制度支撑，现阶段我国法律法规配套齐全，逻辑严密，可以对个人破产法律制度的实施提供有效支撑。我国现有的法律制度中，《中华人民共和国民事诉讼法》《民法典》以及《企业破产法》《公司法》等都经过了时间和实践的检验，我国的司法队伍对破产法律事务积累了丰富的经验。除此之外，大量的司法解释以及刑法和程序法的衔接使用，为我国的个人破产制度的设立提供了完备的法律保障。

2. 信用体系已经基本建立

反对建立个人破产法律制度的观点中，一个重要的理由就是我国的信用体系不完备，担心债务人别有用心地利用破产逃债。但是，现在银行系统的信用体系已经基本完备，不良征信记录已经很全面，金融系统也已经联网，法院执行部门已经与银行的查询系统联网。在企业破产法实施过程中，已经有法院联合公安机关和金融机构，查询债务人资金流向，从而掌握破产债务人恶意转移财产的犯罪证据，并将恶意逃债的嫌疑人绳之以法。这就可以有效地遏制别有用心的人破产逃债的企图。不动产登记也已经实行实名制，结合破产债务人和买房人的资金流向可以获取实际出资人的信息，可以获取债务人转移财产的证据，所以，破产债务人通过借名买房的方式转移财产不但存在民事风险，也将面临刑事风险。由此可见，现有信用体系已经足以遏制债务人假借破产恶意逃债的行为，以信用体系不健全反对建立个人破产法律制度的理由不能成立了。

3. 破产案件审判队伍和破产管理人队伍不断壮大

近年来，北京、上海、深圳等地成立了破产法庭，各地中级人民法院设立了破产审判庭，明显提高了破产审判的效率和效果，同时也壮大了破产审判的队伍。各地基层法院也有专事破产审判的法官。近些年来，由于破产案件大幅增加，破产审判经验也越来越丰富。将来可以考虑在基层法院也设立破产审判庭，同时要注意培养大批破产审判法官，随着破产审判法官数量的增多和审判经验的丰富，法官们是完全可以胜任大量个人破产案件审判工作的。

近年来，各地中级人民法院都已经建立破产管理人名册，通过几年的实践，已经锻炼了一大批破产管理人队伍，破产管理人也积累了丰富的经验。破产管理人已经有一套成熟的破产案件办理流程，加上律师队伍不断壮大，将来从事破产法律事务的律师和会计师将会越来越多，所以，破产管理人队伍也足以迎接个人破产潮的到来。

4. 人们的法律意识逐渐提高

随着我国普法工作的深入进行，人民群众对于法律的了解也逐步加深。在此背景下，设立个人破产制度的阻力就会减少很多，人民群众在遇到债务不能得到清偿或者无法偿还债务的情况下，会选择通过法律的途径来维护自己的合法权益。当然，这有赖于从基层至中央各层工作人员和人民群众的共同努力，只有在人民群众发现自己的权益可以通过个人破产制度得到保障的时候，个人破产制度的效用才能发挥到最大程度，我们设立个人破产制度的初衷才能够实现，债权人和债务人的利益才能得到保障，从而实现双赢。

建立个人破产制度，很多人会担心大家是不是都会欠钱不还。由于我国破产制度缺乏现代破产法律文化滋养，故而推进十分艰难。从目前来看，很多人都缺乏现代破产法律文化意识，都将市场主体陷入破产困境视为“没本事”“败家”“害人”等。凡是陷入破产困境的企业家都感到极没有面子，沮丧、自暴自弃，羞于见人。许多人都没有意识到，陷入破产困境在市场经济条件下是一种正常的经济社会现象，市场主体与自然人一样有“生老病死”，如果已经“死亡”，那么通过破产清算退出市场；如果是“伤病”，那么通过申请破产保护可以得到正常的“疗伤救护”。

（五）建立个人破产制度的迫切性

1. 终本案件数量居高不下

2020年，全国法院终本案件约占整个执行案件的四成左右；2021年，全国法院旧存首次执行案件49.8万件，终本案件占结案数比例为43.71%。其中，以自然人为被执行人的终本案件率始终居高不下，这类自然人很大一部分已经处于事实上的破产状态。民间借贷类型案件空有一纸胜诉判决，执行越发艰难。一般涉案金额较大的被告（借款人）往往负债数笔，即便在诉讼之初就申请采取保全措施，然而得以保全的财产往往不及借贷金额的二十分之一，还多是轮候查封。此类案件将来进入执行程序，也只能落得“终本”的结局，这种局面于法院、债权人、债务人而言都是僵局、死局，既无限期地浪费司法资源，又不利于债务人东山再起，还不能最大化地保障债权人利益的实现。不过，建立个人破产制度后，这些问题都将迎刃而解。

2. 新型冠状病毒感染导致诸多中小企业破产

新型冠状病毒感染对各行各业都产生了巨大影响，尤其是许多中小企业的收入呈现断崖式下降甚至濒临破产。然而现行企业破产制度使合伙企业、个人独资企业没有资格实现破产，而且其合伙人、投资人还需承担无限连带责任，无法有效退出市场。再加上实践中大量中小企业存在个人财产与企业财产混同、企业债务与个人债务勾连的现象，新一轮的个人债务负担正在加剧。这必然需要建立个人破产制度来解决和应对，通过这一制度让债务人尽快恢复生产能力，重新参与社会活动，创造社会价值。

3. 自然人的消费信贷现状堪忧

中国人民银行发布的《2022年第二季度支付体系运行总体情况》显示，截至2022年第二季度末，人均持有信用卡和借贷合一卡0.57张，信用卡逾期半年未偿信贷总额842.85亿元。日本JB Press网站甚至刊登文章称“在中国1.75亿90后年轻人中，86.6 %的人有各种分期付款或逾期未偿还的债务”。这篇报道中的数据是否真实暂且不予讨论，但至少可以说明提前透支消费已成为我国大部分年轻人消费模式的主流。建立个人破产制度恰恰顺应了当前信贷市场的发展趋势，构建以自然人（含消费者）为核心的破产制度，将成为具有普适性的经久不衰的个人债务处理方法。

（六）个人破产制度的基本构想

1. 模式选择：一般破产主义

随着社会主义市场经济与电子商务的发展，自然人参与经济活动的形式越来越多样，人数也越来越多，自然人消费债务与经营债务存在一定程度的重合，已经很难区分商个人与普通消费者。目前，世界上大多数国家的个人破产立法都采用一般破产主义以便更好地实现立法目的。我国未来建立的个人破产制度也应当适用于包括商自然人和消费者在内的所有自然人，方能为市场经济的全面、顺利发展提供充分的法律保障。

2. 自由财产制度

自由财产制度就是将破产财产与自由财产进行区分，自由财产作为豁免财产，不参与破产清算，目的是“给债务人及由其抚（扶）养家庭成员的基本生活提供必要的金钱和财产保障，为其继续工作提供合理的条件，以及为其重新创业提供无生存负担的环境”。至于自由财产的范围，无论是概括式划定还是列举式明晰，必须把握的基本准则就是要最大限度地实现破产人与债权人之间利益关系的平衡。

3. 个人破产免责制度

免责制度是现代个人破产法律制度的核心，免责制度体现了债权人和债务人的利益冲突与动态博弈。我国各地法院在开展个人债务清理试点工作中，均结合我国具体国情与相关政策，对免责、不予免责及免责撤销的内容做出了明确规定。对于免责模式的选择，多数学者认为应当采取许可免责模式，即破产人需提出免责申请，法院审查后裁定是否准予免责，以此保证个人破产制度不会成为逃债的通道，避免引发大众过度举债的道德风险。

4. 破产和解制度

在破产领域，破产和解制度在个人破产案件中比其他主体的破产更能体现其制度价值。对于破产人而言，和解能够使其免受部分权利限制甚至是获得避免破产的机会；对于债权人而言，和解能够灵活、高效地实现最大限度的索赔；对于法院而言，和解程序能极大地节约成本和资源，有效减轻法院的负担。从国外的立法经验来看，各国普遍从法庭内和解与法庭外和解两个维度来处理个人破产问题；从国内的立法实践来看，《深圳经济特区个人破产条例》对和解程序进行了专章规定，江浙、山东、四川等地法院在个人债务集中清理试点工作中也设置了和解程序，为日后建立全国性的个人破产和解制度提供了有益指导。目前，个人破产和解制度在我国司法实践中主要存在程序设计不完善、破产清算程序滥用、上位法的缺失导致地方法院的工作无法有效展开等问题，以致和解制度未能发挥出预期作用。一方面，为加快完善社会主义市场经济体制，优化营商环境，解决日益严重的个人过度负债问题，需要建立个人破产制度。另一方面，通过比较法研究，美、英、日、德等国个人破产制度及其立法的出台并不以完善的个人财产登记制度和健全的社会信用体系为前提，且当下我国社会信用体系建设初步成型，深圳、浙江、江苏、四川等地开始进行庭外个人债务清理的实践且各项制度均已有适当安排。因此，建立个人破产制度势在必行，个人破产入法正逢其时。

第二节　破产流程的法律制度研究

从破产法律制度的功能角度来看，各国的破产法律制度中主要涉及两大制度：破产清算、破产重整，还有的在破产重整制度之外设立破产和解制度。这些制度都属于法律流程的意义和属性。因此，本书认为将破产流程的法律制度归为两种：破产清算制度与破产预防制度。

一、破产清算制度

（一）破产清算制度的概念

所谓破产清算制度，是指当债务人无法偿还到期债务，由法院根据债务人、债权人的申请，对债务人宣告破产，并将其全部财产进行公平分配，给予全体债权人的一种法律制度。

该制度与广义上的破产程序存在差异，破产清算制度专门指的是对破产程序进行清算，是狭义上的破产程序。我国的破产清算程序如图5-1所示。

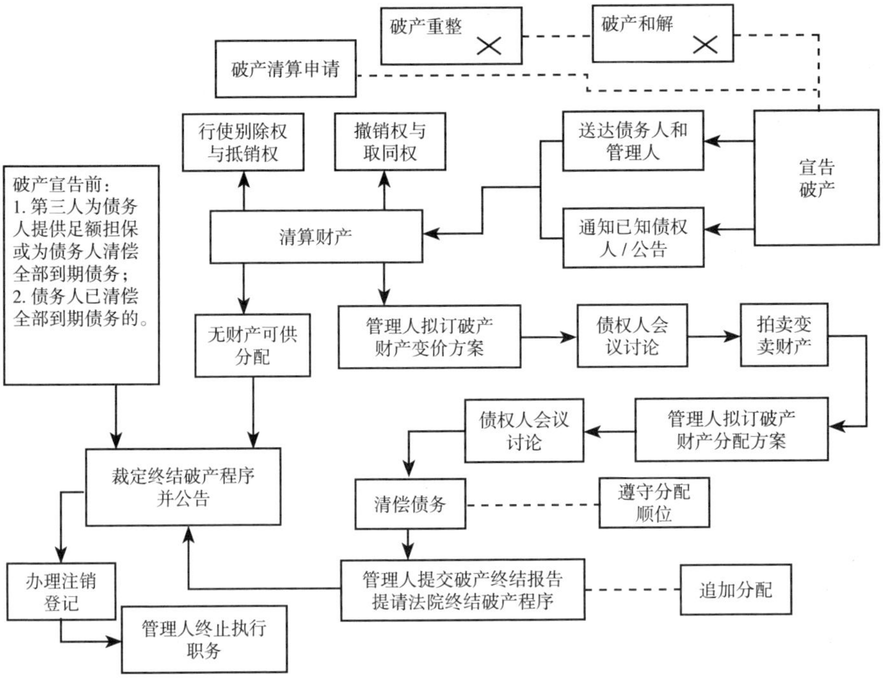

图5-1　我国破产清算程序

（二）破产清算制度的程序

1. 破产申请

针对破产程序，各国有着不同的立法规定。一些英美法系国家（以英国为代表）的破产法有明确规定：破产程序开始于破产案件的受理。一些大陆法系国家（以法国、德国为代表）明确规定：破产程序开始于破产宣告。对这些国家来说，破产申请的提出以及法院进行职权调查，仅作为破产程序的准备阶段。如果法院决定对破产申请进行受理，那么就可以做出破产宣告的决定，破产程序正式开始。

我国的《企业破产法》明确规定，破产程序并不是开始于破产宣告，而是开始于破产案件的受理。法院对破产申请的受理，需要经过一系列的活动，之后决定是否对债务人宣告破产。因此，启动破产程序的起因在于破产案件的申请，这也是法院对破产程序进行启动的绝对要件。

所谓破产申请，是指破产申请权人依法向人民法院提出请求，对债务人适用破产程序进行裁定的法律行为。其中的“破产申请权人”是指享有提出破产申请权利的人。根据各国的破产立法，通常包含债务人、债权人、具有特定职权的人。例如，1967年，英国的公司法规定官方接管人、贸易部等享有申请的权利；1942年，意大利破产法规定检察官享有申请权等。

我国的《企业破产法》中第七条明确规定，债务人、债权人享有申请权。如果企业法人已经解散，但是并没有清算完毕或者未清算，资产不能够对债务进行清偿，那么依法负有清算责任的人应该向人民法院提出破产申请。此外，证券公司、商业银行等金融机构发生破产情形之后，国务院金融监督管理机构可以向人民法院提出进行重整的申请，或者提出破产清算的申请。

在破产申请提出时，破产申请人应该运用书面形式，向人民法院提交申请，并且需要附上有关证据及申请书。其中应该对下列事项予以载明。

①申请人的基本情况，被申请人的基本情况；

②提出破产申请的目的；

③提出破产申请的理由和事实；

④人民法院提出的应该载明的其他事项。

另外，如果是由债务人提出申请，债务人还需要向人民法院提交债务清册、财产状况说明、有关财务会计报告、债权清册、职工工资的支付、职工安置预案、职工的社会保险费用缴纳情况等。

通过破产程序，债权人能够实现自己的债权，而债务人也可以摆脱债务负担，因此很明显破产程序具有一定私权的属性。基于此，一些国家在对照民事诉讼案中的撤诉制度，明确了破产申请也可以由当事人予以撤回。但是，撤回的期限是有限制的，即需要在人民法院裁定受理之前。如果人民法院已经裁定了破产申请，那么申请人是不能够进行破产申请撤回的。但是需要考虑的一点是，由于破产程序很可能具有特殊性，不仅仅涉及债务人、债权人，有时还涉及破产企业的广大股东、广大职工等，甚至还可能包含一些公益部门，因此如果单纯地按照民事诉讼案理论理解的话也是有违常理的。因此，一些国家也明确规定，当人民法院受理了破产案件之后，申请人是不可以撤回的，他们的撤回权是被禁止的。

2. 破产宣告

所谓破产宣告，是指人民法院根据当事人的申请，以及当事人的法定职权，裁定宣布债务人的破产，对债务进行清偿的一种法律制度。

破产宣告的做出，其依据在各国的破产立法规定中有明显的区别，尤其存在申请主义和职权主义两种。其中，前者是指人民法院根据债务人或者债权人的申请，才能对破产案件进行受理，做出破产宣告；后者是指法院受理破产案件之后，按照法律的规定，只要债务人发生破产的原因不需要经过当事人的申请，那么法院可以运用自己的职权受理破产案件，做出破产宣告。

当今的破产立法已经将传统的有罪破产理念抛弃，破产已经属于私法调整的范畴，国家不适合做出过多的干涉，因此在立法上大多倾向于支持申请主义。但是，如果仅仅依据申请主义，在债务上丧失清偿能力，且又没有人提出破产申请时，法院如果完全不干预的话，那么就很难维持公平。因此，为了保证社会公平，对各方当事人的利益予以协调，一些国家的破产法采用以申请主义为主，但是也不忽视职权主义，以职权主义为辅助手段的原则。

我国现行的《企业破产法》对于破产宣告的问题，支持申请主义的原则。具体而言，人民法院应该根据当事人的申请，对破产案件予以受理，做出破产宣告。当没有当事人进行申请时，人民法院不能自行对破产程序予以启动。人民法院宣告债务人破产清算的，需要符合债务人不能清偿到期债务且资不抵债的情况，或者明显缺乏清偿能力等这些破产原因要件。否则，人民法院可以在做出破产宣告之后，对当事人的申请予以驳回。

人民法院宣告债务人破产，应该知会破产申请的债务人、债权人到庭，当庭宣布破产裁定，并发布公告。如果当事人拒绝到庭，也不会对裁定的效力造成影响。

人民法院宣告债务人破产的，应该自裁定之日起5日内，送达管理人与债务人手中，10日内通知已知债权人，并予以公告。该公告涉及以下几点内容：

①企业亏损情况；

②企业资产负债情况；

③企业宣告破产的理由，宣告破产的法律依据；

④企业宣告破产的日期；

⑤企业宣告破产的账册、财产、印章、资料等的保护。

人民法院宣告债务人破产的时候，发现债务人是资不抵债的情况，应该将宣告破产程序废止。

3. 财产变价与分配

（1）破产财产的变价

由于破产债权含有金钱的价值，其可以根据破产人的财产获得分配，是一种对人的请求权，因此在对破产债权进行清偿并分配时，应当以货币分配为主。破产财产分配两类：一类是金钱财产，另一类是非金钱财产。其中，非金钱财产是建立在其本身所具有的不易分割特点上的，如果不对其进行恰当的估价、变卖等，是很难对其实际价值进行确定的，也就很难将其分配给破产债权人。也就是说，价值评估和变卖是管理人对破产处理的重要部分。

管理人需要提前对破产财产分配方案进行拟定，并将其提交给债权人，在债权人会议上予以讨论。但是，在分配方案的撰写中需要注意以下几点内容：

①参与破产财产分配的债权人的名称、住址；

②参加破产财产分配的债权额；

③可以供债权人进行分配的财产额；

④破产财产分配的比例、分配的顺序等。

在债权人会议中，要想对破产财产分配方案的决议予以通过，需要一半以上有表决权的债权人通过，并且其占有的债权额也需要超过一半。如果两次会议表决都未通过，那么就需要人民法院予以最终裁定。

（2）破产财产的分配

破产分配是指基于公平原则，按照各债权人应该受偿的顺序和比例在债权人之间进行清偿的一种程序。

对破产财产的分配，可以一次性完成，也可以多次完成，这就需要考虑破产财产的多少以及破产财产的变价是难还是易。如果分配终结之后，发现仍旧存在可供分配的财产，那么仍旧可以追加进行分配。

根据破产分配的阶段不同，破产分配可以划分为中间分配、最后分配、追加分配。其中，最后分配指的是当全部破产财产进行变价之后，不留任何余地对一般破产债权人进行分配。当进行最后分配后，那么就意味着破产程序的终结。

如果有下列情形，那么债权人可以请求人民法院按照破产财产分配方案来进行追加。

①发现存在破产无效行为、破产撤销权以及存在监事、董事等利用职权获得的非正常收入，应当追回破产财产；

②发现破产人存在应该供分配的其他财产。

管理人对破产企业的财产予以分配时，应该坚持金钱分配的原则，但是债权人会议另有决议的排除。管理人应该将制订的财产分配方案在债权人会议上进行分析和谈论。当通过该分配方案之后，由管理人根据该方案提请人民法院进行裁定。

4. 破产终结

所谓破产终结，是指人民法院对破产案件予以受理之后，存在法定的事由时，应该由人民法院裁定对破产程序予以终结，即结束对案件的审理，因此破产终结又可以被称为“破产程序的终止”。

破产程序终结分为两大类：一类是正常终结，另一类是非正常终结。其中，前者是破产财产分配完毕之后即为终结之日，破产目的也最终得以实现。非正常终结是没有经过财产分配而终结。其主要形式有以下几种：

①债务人财产无法对破产费用进行清偿的，管理人应该提请人民法院对破产程序进行终结；

②人民法院受理破产申请之后，债务人与全体债权人如果根据债务债权的处理已经达成协议的，可以向人民法院提起裁定认可，对破产程序予以终结；

③破产人无财产可供分配的，管理人应该请求人民法院对破产程序裁定终结；

④当管理人最终分配完结之后，应该向人民法院提交分配报告，并提请人民法院裁定终结。

二、破产预防制度

（一）破产重整制度

面对竞争日益激烈的市场环境，企业领导层对待市场形势分析要具有敏锐的眼光、深刻的见解，才能扎根于波浪般起伏的市场经济浪潮中。但是，所谓优胜劣汰，很多企业并不具有这样的能力和幸运，他们在遇到困难时需要一定的帮扶政策和手段，才能渡过难关。企业在生产经营活动中遇到经济危机，暂时不能解决这个困难，但企业又还具有生存下去的一线希望和价值，在这种情况下，他们可以向法院提出破产重整申请，可以暂时应对破产的危局，但是破产重整治标不治本，重要的是企业要制订科学合理且符合自己公司发展状况的重整计划，促进公司的良性发展。破产重整作为企业常用的一个缓解危机的手段，其中的财务审计会计工作自然很重要，但是破产重整的会计审计实务到底程序如何？重点又是什么？意义何在呢？

1. 企业破产重整的概念

随着我国经济的发展，越来越多的人投入创新创业的经济化浪潮中。创立一个企业可能需要诸多心血和资金投入，但最重要的是企业创立后的经营工作。如何能在竞争激烈的市场环境中，精准定位公司的发展目标、潜在客户、企业形象，以及发掘公司的潜在能力，扎根于企业浪潮中，开拓出公司的一片天地才是企业最应该思考的问题。一些企业发展态势良好，稳步前进，如世界500强或者地方性大型企业等；一些企业不适应市场变化，出现经营危机，被逐步淘汰于市场竞争中；还有一部分中小型企业能够适应市场环境，但是缺乏独到的见解和眼光，或者没有合理地制订公司的发展战略，导致企业经营一段时间后，可能会因为资金周转不开陷入破产的经济危机。但是很明显，他们还具有一线生存的希望，还有一定的价值存在。面对这样的企业，为了促进市场经济的健康发展，国家会给予一定的法律援助。企业破产重整法规定这样的企业可以先向法院提出破产重整申请，在法院批准以后，展开债权申报工作，再制订公司合理科学的发展计划，为企业解决生存危机留出一线生机。

2. 企业破产重整的特征

（1）重整的原因多样化

企业的破产重整工作有几个鲜明的特征，其中一个就是破产重整的原因比较多样化。部分企业因为资金周转不开，陷入经济危机；部分企业因为对外投资过多，暂时无法支付公司正常运转的费用，导致出现经济危机；部分是企业债务人出现财务困境，不能清还公司的债务；另一部分是企业债务人即将出现破产现象，显而易见不能偿还债务的情况。

综上所述，企业在处于已经无力偿还债务或者处于将要不能偿还债务的情况下，都可以向法院提交破产重整申请，但是相对而言，企业如果申请破产，那就是因为无能偿还债务，因此说破产重整的原因范围更大、更加多样化。而这一特征正好符合我们说的“早发现，早治疗”，可以及时地解决企业的经济危机，促进市场经济的良性发展。

（2）程序体现私法自治色彩

在企业的破产重整程序中，企业债权人作为公司的主要主体，根据债权人会议确定下来。确定的债权人可以依法对公司进行管理和自治。在企业向法院提出破产重整的申请后，企业要召开会议确立债权人，此后，一系列的工作，包括公司的债权申报、公司发展计划的表决、重整计划的申请等都是由债权人自己展开工作。在这一过程中，主要也是看公司有没有对社会做出一定贡献，以及破产后公司劳工的生活有没有得到保障。所以，我们说企业的破产重整程序体现了私法自治的色彩，私法自治原则贯穿了企业破产重整程序的整个过程。

3. 企业破产重整的主要程序

（1）向法院提出重整申请

企业债权人在发现已经没有能力偿还债务，公司资金周转出现困难，或者很明显地即将没有能力偿还债务时，应该及时整理所需材料，向法院提出破产重整的申请。同时要准备好财务工作报告，做好会计审计工作，为后续法院开展调查提供依据，节省时间。

（2）法院出具裁定

在企业向法院提交破产重整的申请后，法院要依法核实企业提交的材料判断是否属实且有效。在对材料进行核实后，法院要派有关人员开展相关的调查工作，审核企业的财务报表、资金状况等基础会计审计工作。

（3）债权申报

在法院审核通过企业的破产重整后，企业要及时召开会议，确立主要债权人，债权人主要是为了保障公司的合法利益以及其他债权人的利益。债权人确立以后，企业应该开展对公司的债务审核、资产审核、财务明细审核等审计工作，整理成册，交给法院，为法院的核实工作提供支撑。

（4）债权人对计划进行表决

在做好会计审计工作以后，企业应该制订科学合理的公司发展规划和重整计划，结合公司的实际状况，制订一个有效的解决公司财务危机的对策。制订好计划以后，应该召开债权人会议，进行商讨和完善的工作，让债权人对发展计划表决意见，多数票优先。

（5）提出重整计划的申请

在制订完善科学合理的重整计划并且经过债权人多数表决通过以后，企业开展对公司资产状况、财务状况的会计审计工作，整理公司财务信息，制作财务审计报表，向法院提交重整计划申请，等待法院裁决。

4. 企业破产重整程序的审计重点

（1）破产重整审计的概念

破产重整审计主要是指根据国家规定的企业破产法及其相关法律法规进行的一种专门的审计手段，主要是对企业财务管理活动的真实性、合法性、有效性和相关责任进行监督、审查和评价，从而维护债权人、债务人和第三人的合法利益。在实践中，通常在申请破产或和解的时候，都不进行破产审核，而是在清算小组成立后，由会计师事务所对其进行审计。企业破产重整审计是为了维护债权人、债务人和第三方的合法利益，为企业破产重整计划的顺利运行奠定基础。

（2）审查企业的流动以及固定资产

企业破产重整的原因是多样化的，但究其本质，大多数都是由于管理层对企业生产经营活动的管理策略不科学、不合理导致的。涉及公司资产甚至国有资产，因此，对破产重整的企业实施会计审计工作是很有必要的，这也是为了保障法院对企业的破产重整申请作出裁决时有合理的依据。审计工作首先就要审核企业的固定以及流动资产，对于固定资产，一般的审计方法是用物资对应报表，主要由审计部门、资产评估师来执行这项工作，对企业的所有的固定资产进行盘点清理，切实保障每一项固定资产都被统计在内，这是一项繁重又耗时的工程，且过程中很容易出错，因此，审计师在盘点时一定要保持高度的沉着冷静，不可为了追求速度不顾审计质量；企业的固定资产一般指的是企业的设备仪器，如房屋建筑、交通运输工具、电子设备等。

对于房屋建筑应该拥有不动产权证，机械设备在升级的过程中应该注意观察是否有破损等情况，以免影响产值的评估；在审核固定资产时，要重点留意企业在申请破产重整前一年，是否存在无偿转让财产的行为；企业的流动资产主要是指一年以内企业可以变现或者运用的资产。对流动资产的审计主要内容：审查货币资金、短期投资、应收款项等资产是否真实存在及与账目是否相对应，且是否为企业实际所拥有；审查收支或者增减业务是否合法且记录完整；审查流动资产在会计报表上的反映是否正确等。

（3）审查企业的财务状况，及时调整改动账目报表

企业的财务状况主要是指企业在一定时期内的资产及权益情况，主要通过资产负债表、资金平衡表、利润表等反映。资产负债表、平衡表的审计需要审计师摆脱传统账簿的束缚，核实企业负债表所列的各项债权和债务，对债务进行充分的审计，重点关注隐性债务，有利于保护债权人的利益；在审计过程中，审计部门要查明各项资产和债务是否真实存在，这要求审计师对每一笔款项的来源、去处、性质等都要做到标记清楚，确定其准确性及真实性，尤其关注企业负债表中的呆账、坏账。呆账即企业投出去的资金在三年或更长时间内不能拿回或不确定能否拿回的应收账款。这是一种资产，会在每年的资产负债表中都有体现。坏账是指公司应收却不能收回的资金，公司出现坏账，并因此而产生一定的财务损失，在企业发展中是非常普遍的现象。根据我国相关法律，坏账损失一般是由于债务人在破产、死亡后，用其破产财产或其遗产进行清偿，但未能收回，或由于债务人未能按期偿还债务，三年以上仍然无法偿还的应收款项。坏账损失是由于公司的运营而产生

的管理成本，而坏账的确认可以作为坏账发生时的当期会计成本；或者在发生信用交易时，根据某种方法，对坏账进行评估，并将其作为当期的成本，因此，对坏账的审计要密切关注其发生的时间；资金利润表反映了企业一段时间内的生产经营成果会计报表，主要包括企业的收入、税收、成本、支出等情况，这对于评价企业经营管理状况具有很强的借鉴意义，对利润表的审计主要是确定这些收入、交易是否真实发生，确定会计报表各项款项均已列完整而无遗漏情况，查明企业是否根据法定程序进行利润分配工作。

（4）企业的财务盈利、亏损

企业破产重整大都是因为经营不善导致出现经济危机，所以审计师在开展审计工作时，要重点关注企业前几年的财务盈利或者亏损的情况。但是，由于企业已经走到了破产重整这一步，所以，企业的盘亏情况基本上是比盘盈严重的。但是审计师还是应该注意留心企业审查中的盘亏情况，如果盘亏情况过于严重，会计审计还应该关注盘亏的原因、性质、资金去向等基本情况，并将之整理成财务报表，纳入企业的财务情况审核中，并且盈亏情况大都是大头，占据了企业财务情况中的大部分；除此之外，审计师还应该关注企业的盈利情况，为企业的重整尽力减少一点困难；在审计盈利亏损的过程中，审计师要注意关注资金的异常情况，审查资金异常的原因等。在审查完成以后，应该保留好检查凭证，以供后期法院对企业的资金状况进行检查审核。

5. 企业破产重整程序的会计报表审计

会计报表审计是指对被审计企业的财务状况做出的财务报表，如资产负债表、利润表、现金流量表、报表附注等。其目的是确定被审核企业的会计报告是否符合通用的会计标准和金融法律，公正地反映公司的财务状况、经营成果和现金流动状况。合格的会计报表审计包括破产重整的企业的注册资本及实际持股人的相关状况、资产所属情况及自然情况的核实、对企业破产范围的确认，如企业申请破产重整时所有资产，所取得的财产，无形资产，在建工程等的确认、银行存款、应收款、存货等的清理核实、资产抵押、查封，在申请破产重整前半年是否违法进行资产转让、倒卖的行为。因此，我们可以得知，破产重整企业的会计审计工作内容体系庞杂而程序繁复，需要耗费诸多人力、物力、精力等，做好企业的会计审计工作也是为以后开展法院核查工作提供方便。

6.破产重整的会计审计意义

企业的破产重整会计审计工作涉及的范围多样，审查的内容复杂。我们都知道，企业的破产多是由于经营不善造成的，做好破产重整企业的财务会计审计有利于梳理好企业的财务发展状况，厘清企业的各种资金款项资产的关系和实际数额，可以为企业的资产评估提供有力支撑。与此同时，还为法院的审计审核企业破产重整计划提供材料证据，简化办事的程序，加快企业破产重整的计划实施，处理掉企业的坏账、呆账、应收款项等，进一步明晰企业的财务状况，有利于企业后续重整计划与实施，为企业重整后的发展提供了有利的财务状况支撑，缓解企业现存的经济危机，为企业重新发展提供一丝喘息的机会。

破产企业在面临经济危机时，如果对社会和国家作出过一定的贡献，且仍然具有一定价值的情况下，可以向法院申请破产重整，充分保护债权人的利益。在提交申请后，要及时对公司的财务状况开展审核审计工作。审核审计工作对公司的财务状况的发展至关重要。审计部门要厘清公司的资金款项、资产价值等，处理好企业的盘亏盘盈，呆账、坏账，收回应收款项，确认公司的无形资产、固定资产、流动资产，为公司后续的重整计划提供有利的证明材料和支撑，也有利于公司后续的发展，让企业解决经营管理不善的弊端，制订科学合理的发展对策，为公司的良心发展奠定坚实的基础，让企业摆脱经济危机，步入正轨，促进经济的发展。

7.企业破产重整中对债权人利益的保护

当前，破产案件并不鲜见。通过分析近两年的破产案件可以看出，为了保障大多数人的利益，对于那些尚有挽救希望的企业，经过利害关系人的协商同意后，可能会选择进行破产重组。企业通过破产重整制度浴火重生，获得新的曙光，以恢复企业正常生产经营能力的方式，达到债务人、债权人以及社会利益三方共赢的局面。破产重整制度对我国的税收以及投资人和债权人的利益保护产生的负面影响极小，更能够满足社会的预期目标，我们需要发掘破产重整制度的优势，探寻保障债权人利益的途径。无论破产法的价值取向如何变化，在对破产重整中具体操作流程的设计以及对债权人利益的保护始终是不能忽视的。

（1）案例引入

江西某科技有限公司为当地龙头企业，2012年年初，该企业由于种种原因面临倒闭，当地政府持续为其引入资金援助。由于该企业处于长期的低迷期无法短期内得到改善，因此对其进行清算所获得的收益要远远高于进行重整。但是由于《企业破产法》对重整申请条件要求的宽松以及该企业执意进行破产重整，当地法院最终裁定该企业进行破产重整。在重整计划的商讨中，第一次的重整计划由于对于重整投资人不利而退出重整。在第二次重整计划商议中，由于本次重整计划对银行债权人的仅为 14.57% 的清偿率使得银行债权人将承担 230 亿元的亏损，遭到了银行债权人的一致反对。但是由于法院强制批准通过重整计划，法院开启对该企业的重整执行。2018 年，该企业的重整计划已经执行完毕，但是最终的结果是导致银行债权人面临巨额的亏损局面。

（2）争议焦点

第一，重整程序的启动条件宽松易对债权人利益造成损害。在对企业适用重整制度之前，并未对企业的再生希望和再生价值进行实质性的评估和严格审核。案例中的企业已经长期处于低迷的混乱状态，明显已经失去了再生希望和再生价值。在明知银行债权人受偿率极低的情形下，该企业仍然申请重整，法院却给予其重整的机会。轻易适用重整制度对债权人的利益易造成巨大损害，亟须严格规制重整制度。

第二，法院强制批准通过重整计划造成债权人的利益受损。在本案中，在银行债权人反对重整计划的方案后，法院却强行批准通过该重整方案是对债权人不公的做法。如何规范法院的权力，以保障债权人获得公正的对待是需要立法进行规范的。

第三，监督权设置的不完善易对债权人的利益造成损害。在本案中，监督权人并未及时与债权人进行沟通交流，银行债权人对重整计划的执行程度并不知情，极大损害了银行债权人的知情权。在债权人面临监督权设置不完善的困境下，运用何种手段保护自己的合法权益是亟须解决的。

8. 破产重整中保护债权人利益存在的问题

（1）重整条件过于宽松

《企业破产法》中规定债权人、债务人及出资人均可以申请破产重整，且对申请时间规定也较为宽松，即企业出现资不抵债的情形或者企业在进入清算程序后转为重整程序。可见，破产重整中极为宽松的申请条件不仅帮助企业偿还经营期间的剩余债权债务，也为企业的存活留下一丝希望。虽然极为宽松的重整条件有利于帮助企业清偿债务以及重新焕发活力，但是这也意味着债权人对债务人的债务追偿将会受到诸多司法手段的限制。由于一旦启动重整程序，债权人与债务人将会被分为对立的阵营，债务人是希望摆脱债务而使得企业焕发活力的一方，而债权人是希望自己的债权能够得到充分受偿的一方。为了保障债权人的利益，启动重整程序不仅要符合法律的规定，也要事先考虑启动重整程序将会对债权人造成的利益损害。在实践中，常常出现债务人滥用重整的申请权限而逃避或者拖延履行债务的情形，《企业破产法》中规定的重整条件过于宽松，不仅会对债权人的利益造成损害，同时也是对债权人的自我意思表示极为不尊重的行为。

（2）法院强制审批制度带来的负面效应

法院强制审批制度是一把双刃剑：一方面，虽然能打破僵局，使重整程序顺利推进，使企业获得挽救的机会；另一方面，可能会损害重整制度中债权人的利益。当债权人的受偿率极低且面临分配不公的困境时，法院强行审批制度无疑是对债权人利益造成损害。企业在运行重整制度的过程是债权人、债务人与管理人三者通过不断商讨达成的协议。协议达成之后，首先是债权人大会分组对重整计划进行表决，在各组均同意通过的情形下，重整计划才能通过。其次需要法院对重整计划进行批准同意，那么即使债权人否决重整计划，仍然有重整计划通过的可能性，这无疑是对债权人自治权利的侵害，易造成司法不公的局面。

（3）债权人缺乏监督途径

根据我国《企业破产法》的规定，当重整制度进入执行阶段，管理人不仅是重整计划的执行者，同时也是重整计划的监督者。由于管理人并非重整利益的既得者，其难免会在计划的执行中有所疏忽。

首先，在进入重整程序后，债权人若需要了解债务人的实际经营、企业运作情况以及人员配置等相关信息时，需要以在债权人会议中听取管理人的汇报或者以进行询问的方式获取信息。

其次，法律并未赋予债权人异议或者监督的权利，若在重整计划的执行过程中存在债务人管理人之间徇私舞弊的情形时，债权人并没有法律上明文规定的救济途径进行对抗。因此，仅仅赋予债权人进行查阅的权利不仅是远远不够的，也是非常不合理的。

最后，我国《企业破产法》仅规定了债权人委员会和管理人这两种监督主体，且债权人委员会的人员构成一般是由法院指定的，由于只有债权人委员会才能真正代表债权人行使权利，因此导致了债权人对自身真实意思的表达常被忽视。

9. 完善破产重整中债权人权益保护的相关建议

（1）严格限制重整程序的启动

对重整程序的启动条件进行界定是开启重整程序的重要事项之一，其不仅能够有效防止司法资源的浪费，也能防止出现债务人拖延时间逃避履行债务的现象发生。日本《企业再生法》规定，仅局限于规模较大的股份有限公司等进行破产重整，理由是只有规模较大的公司才最有希望重整成功。因为只有规模较大的公司在重整计划的执行过程中获得的支持度与配合度最高，同时债权人对不同规模的公司的期望值是完全不同的，所以大规模的公司无论是从企业自身的实力还是债权人的支持度来看，均为最有可能重整成功的对象。对重整对象在立法上应设置一定门槛，可以有效节约法院的时间成本，提升法院的效率，将破产重整对象大部分适用于规模较大的大型企业和小部分适用于充满市场发展前景的小型企业。此外，法院要对不符合破产重整适用对象的申请一一驳回，防止出现企业滥用重整程序而放弃自身努力的情形发生。

（2）审慎行事强制批准权

重整制度的适用让债权人面临着巨大的未知性，在重整结果确定之前，无法保障重整清偿后债权人获得的利益大于破产清算所获得的利益，因此，法院强制批准重整计划的执行很可能会造成债权人利益的损害。在实践中，常常出现企业的股东或者实际控制人滥用有限的权力侵吞公司财产，而只需要债权人为其行为买单。换言之，实践中大部分异议债权人对重整计划的不满，不是因为对其受偿率的不满，而是因为对部门大股东或者实际控制人侵吞公司资产以及抽逃出资等行为的不满。因此，为了防止破产重整程序成为债务人拖延履行、逃避履行债务的工具，应进一步保障债权人的合法权益。我国《企业破产法》不仅要符合最大限度保障债权人利益、至少两组同意重整计划、对有异议的债权人建立救济制度等，还需要保障具有现实紧迫性债权人的利益，保障其在重整计划的执行过程中能够先行受领清偿。

（3）设立专门的监督机构

权利的行使不加以限制的话，最终可能会导致权利的滥用。重整计划在执行过程中可能会出现很多出乎意料的情形，那么如何兼顾债权人的利益保障与重整计划的有效执行需要进行详细的考虑。《美国破产法》详细列举了监察人的职权范围，而我国的债权人委员会和法院虽然在重整程序中均或多或少享有部分监督权限，监督力量十分有限，并未规定监督细则。因此，在重整制度的执行过程中需要大量的工作进行完善监督，并且需要有专业人员起到引领和协调的作用，若不成立一个相对独立的由专业人员组成的监督主体，那么对重整执行过程的监督很难有效落实。

为了保障破产重整制度的设立，需要招聘专业的人才履行监督职责，建立专门的监督机构负责对破产重整程序进行全过程监督。只有在重整程序中设立专门的监督机构，才能使重整计划的顺利执行得到保证。引入企业破产重整的背景，反映出我国亟须解决破产重整中遇到的问题的现状。通过引入破产重整中的司法实例进行分析，引入我国破产重整制度执行过程中存在的问题。最后，以提出建议的方式，以期我国破产重整制度能够健康有序运行。

（二）破产和解制度

1. 破产和解制度的概念

所谓破产和解制度，是指由债务人申请，这些债务人具备破产的原因，或者已经进入了破产程序，在法院的主持和监督下，债务人与债权人达成最终协议，尤其是债务人对债务进行减免或者延期偿还等事项达成协议，以此来对债权债务关系进行了结，以免进入破产清算程序或者财产分配的一种破产预防制度中。很明显，破产和解制度避免和克服了破产清算制度的弊端。

与破产清算制度相比，破产和解制度是对债务人权益的一项保护，但是也是在围绕债权人获取其债务这一目标而协定的。

与破产重整制度相比，破产和解制度不会有高昂的费用，并且程序也没有破产重整制度那样复杂，因此具有较小的代价、简单的程序。

破产和解制度主要是为了保护债权人的利益，因此其将保护债权人利益置于首位，而将社会利益的维护置于次要位置。可见，这与破产重整制度明显相反。但是，破产和解制度的主要功能还需要破产重整制度进行保障。

一般情况下，破产和解制度需要法院的监督和主持，但是也有个别情况下由商会监督和主持。因此，由法院监督和主持的称为“法院和解”，由商会监督和主持的称为“商会和解”。

我国的《企业破产法》中明确规定了法院和解制度，而且进行了时间的限定，即破产宣告之前。因此，如果没有特殊的说明，破产和解专指法院和解，如图5-2所示。

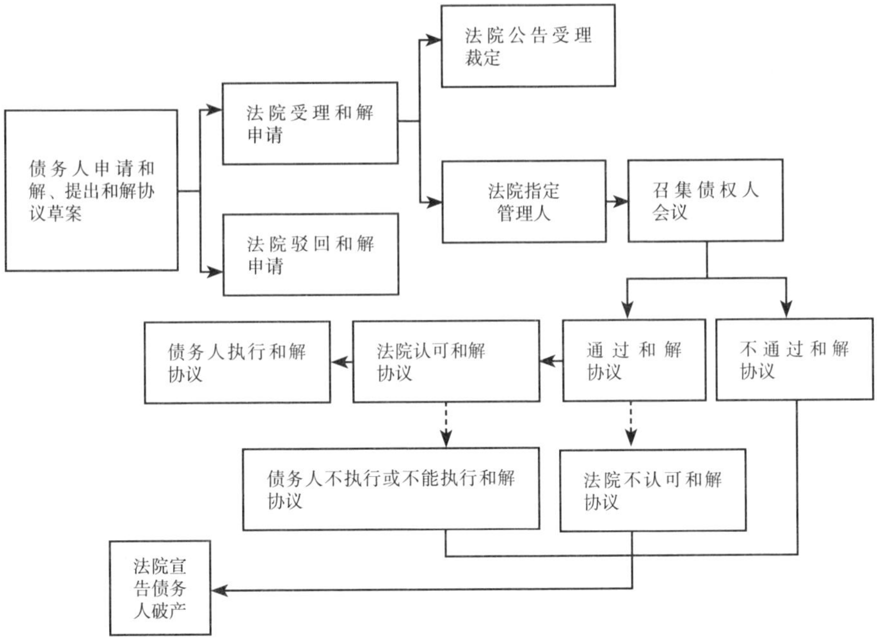

图5-2 我国破产案件和解程序

2. 破产和解制度的特征

破产和解制度的法律特征可以归结为以下几点：

①从破产和解的定义中不难发现，破产和解程序对已具备破产原因的债务人适用，并且其目的是避免破产清算，也为了避免对破产财产进行分配。传统的破产制度属于一种强制偿债制度，往往将债权人作为中心，绝对维护债权人的权益，但是并没有顾及债务人的利益，以及破产可能会给社会带来什么样的影响。但是，破产和解制度恰好可以让债务人能够复苏，能够减少其给社会带来的负面影响。

②破产和解需要由债务人与债权人之间达成协议，其草案是由债务人提出和撰写的，而最后需要由债权人表决，最终达成协议。

③破产和解的内容大多为分期偿还或者延期偿还债务，甚至有些可能会免除债务，这些都需要债权人对债务人进行让步，这不仅使得债务人获得重生，而且对债权人也是有益的，因为其获得的赔偿往往会比破产清算要多。

④破产和解具有明显的强制性。破产和解协议往往要经过债权人会议，根据少数服从多数的原则，对其进行表决，最后通过，因此该和解协议对全体债权人都有约束力。这一点也正好区分了破产和解与诉讼和解。

第三节　破产清算的法律效力分析

破产法律制度具有法律效力，而其中的破产清算也必然具有法律效力。关于破产清算的法律效力，下面从破产宣告与破产终结两个层面进行分析。

一、破产宣告的法律效力

（一）对破产人的效力

当法院宣告债务人破产之后，企业的身份也发生了改变，由之前的债务人转向了破产人，其法人的资格仅仅在清算意义上是存在的，在其他法律意义上是不存在的。企业不能运行营业执照上标明的各项经营业务，仅仅是为破产清算而存在的破产企业。

根据最高人民法院的司法解释批复，企业被其宣告破产之后，破产企业就应该根据裁定日停止该企业的生产经营活动。但经过清算组的允许，破产企业可以在破产程序终结之前，以清算组的名义，从事对清算工作相关的经营活动。但是，这些情况需要上达到法院。如果破产企业在这一期间签订了对外的合同，并且并不是以清算组的名义进行签订的，那么这些工作就与清算工作是无关的，并且可以认为是无效的。

债务人的财产变成了破产财产，企业也就丧失了对事务、财产的管理权，企业财产就变成了管理人所有，由管理人进行支配。

（二）对破产企业一般职工的效力

当企业宣告破产之后，职工与企业订立的劳动合同可以根据法律宣告解除，这时候的职工就成了失业人员，有权根据国家的规定领取失业救济金，也有权利自己去寻找新的职业，或者由国家相关的部门来安排就业。但是，被清算组和法律指定的留守人员应该履行自己的职责，他们的劳动费用和工资从破产财产中进行拨付。

（三）对债权人的效力

对债权人的效力主要体现为除了财产担保者之外，债权人如果不依据破产程序的规定是不能行使权利的。简单来说，就是债权人不能单独提起对破产财产的民事执行程序，也不能随意接受债务人的清偿。

当破产宣告做出之前，债权人、债务人的自由清偿是不受限制的，但是一旦进入立法程序，法院受理之后，债务人就需要按照法律程序支付正常的生产经营所必需的债务，不能进行自由清偿。因此，破产宣告这一点效力，其实对债权人的权利并无多大影响。

（四）对第三人的效力

破产企业的债务人和持有破产人财产的人只能向管理人清偿债务或者交付财产，当破产人对他人的财产进行占有时，其债权人可以依据法律进行取回，管理人也有权解除或者继续执行对破产申请受理之前，债务人和对方当事人并未履行完毕的合同，并且对对方当事人进行知会。自破产申请之日起，管理人如果在两个月内并未通知对方当事人，或者受到对方当事人的催促之后，30天也没有给予回复，应该视为合同解除。

二、破产终结的法律效力

（一）对破产人的效力

从法院对企业法人破产程序终结的裁定生效之日，破产程序进入终结流程。在破产管理人根据法律程序办理注销登记之后，其企业法人资格也就被消灭了，所负担的债务也会随之免除。在自然人破产场合，当破产程序终结之后，其破产人的主体资格的存续并不会受到影响。因此，现代的很多国家、地区的破产法也规定了一项特殊的制度——破产免责。

基于破产管理人（以下简称管理人）在破产程序中的核心地位，及其特有的中立性和专业性，我国《企业破产法》为其设定了众多职权以便实现破产程序的高效运转。但是法律对管理人的职权界定不清晰，对管理人的监督机制也有可完善之处。因此，实践中出现其他主体的越位和管理人的缺位现象，有必要对其职权配置和监督机制进行优化。

1. 破产管理人职权配置及其缺憾

我国《企业破产法》赋予管理人权利以便其在破产程序中履职，清理僵尸企业并识别和拯救有经营价值的企业。但是我国管理人制度缺乏实践基础，理论指导立法也存在不足。

（1）破产管理人的职权配置

管理人的职权包括职责和权利。根据我国《企业破产法》第二十五条的规定：管理人的职责包括接管债务人的财产、资料等，调查财产状况，决定内部管理事务和开支，在第一次债权人会议前决定继续或者停止营业，管理和处分财产，代表并参加诉讼等，提议召开债权人会议等。此外，《企业破产法》还规定了追缴出资、追回非法侵占财产、审查债权、制作提交重整计划草案并说明、监督重整计划的执行、制订分配方案、执行分配方案、提请破产程序的终结等职责。根据我国《企业破产法》第二十八条的规定：管理人具有聘用必要工作人员的权利和获取报酬的权利。

梳理管理人的法定职权，有学者按照职权的性质将其分为纯义务性职责和权责合一性职责，但此种分类存在交叉区域。有学者按照能否适用于各个破产程序将其分为一般性职权和特定职权；也有学者认为考虑职权的分类要思考其对应的监督机制，并将其分为事务性职权、法律判断类职权、商业判断类职权以及混合型职权。

（2）破产管理人职权配置的缺憾

其一，调查权范围狭窄。管理人是指破产案件受理后依法成立的，在法院的指导和监督之下全面接管债务人企业并负责债务人财产的保管、清理、估价、处理和分配以及重整等事务的专门机构。管理人被选任后，为了获取后续破产程序所需的信息，首先要调查债务人的全部财产情况，从而可以及时处理债务人违法处分财产行为，达到保护债权人利益的目的。因此，保证管理人充分而有效的调查权对实现破产法的价值目标意义重大。我国《企业破产法》授予了管理人调查权，但可调查的事项范围以及被调查的主体范围较窄，其事项范围仅限于债务人财产状况，而且调查的主体只包括企业的法定代表人，企业的相关管理人员还需经人民法院许可。实践中需要调查的必要的信息还包括债务人的具体行为和经营状况涉及其他人员以及企业的营运情况、破产申请前的债务情况等。

其二，提案权主体单一。我国《企业破产法》规定除了债务人自行管理外，重整方案由管理人制订并提交。这种一元化模式可以避免非理性的争论成本，但是只考虑了管理人的观点而没有体现债权人的意思自治，重整方案的质量受限于管理人的水平。有的国家规定了多元模式的提案权。例如，《美国破产法》第一千一百二十一条就规定："债务人在规定期间不能提交破产方案，托管人、债权人委员会、资产证券持有人委员会、债权人、资产证券持有人或者契约托管人都可以提交破产方案。"这种多元模式避免了因为管理人能力不足造成的破产重整程序终结，而且体现了相关利益主体的意思自治，有助于重整方案的优化。

其三，接管权缺乏威慑。我国《企业破产法》规定管理人具有接管债务人财产和相关资料的职权，这是行使调查权的第一步。管理人行使接管权是法定职权，但在实践中债务人的相关人员不予以配合甚至妨碍管理人的工作。虽然根据《企业破产法》第一百二十七条可以对拒不配合的直接责任人员罚款，但是威慑效果实在有限。有学者认为可以将破产程序看作特殊的民事程序，拒不移交可由人民法院对其采取其他妨害诉讼程序的强制措施，考虑到责任威慑的效果，因此可以借鉴。

其四，法院的过度限制。我国《企业破产法》规定管理人应当履行"人民法院认为管理人应当履行的其他职责"。这一规定可能导致人民法院随意增加管理人职责，有必要加以限制，划清法院与管理人的职权界限。此外，管理人并非事事需要法院的指导才去完成破产工作，但是法律赋予法院的权利范围却过宽。例如，管理人认为需要聘请专业人员辅助需要向法院申请，这显然增加了程序成本和时间成本。

2. 破产管理人约束机制及其不足

一方面，我国《企业破产法》为了促进破产程序的高效进行为管理人设定了众多职权；另一方面，为了避免其滥用权力设立了相应的约束机制。但是破产管理人的约束机制随着我国的破产法律实践其不足之处日渐显现。

（1）选任门槛的设立

我国《企业破产法》的具体实践中，管理人的选任方式经历了由随机选任到竞争选任再到分级选任的过程。随机选任的方式包括抽签、摇号等方法，形式上的绝对公平但不是最合理的方式，可能出现杀鸡用牛刀的不合理情况。竞争方式适用的范围主要包括金融行业中的企业破产、对社会造成重大影响的破产案件以及债权债务关系复杂的企业破产案件，这类案件涉及利益群体众多，必须综合考量选出能够胜任的候选人。但是竞争选任可能造成强者恒强、弱者积弱的情况，不利于管理者队伍的流动性。我国在 2018 年《全国法院破产审判工作会议纪要》中提出对管理人进行分级管理的方式，"综合考虑管理人的专业水准、工作经验、勤勉程度等因素合理确定等级"。但是分级管理的具体标准没有明确的规定，由各高院和中院自行决定。此外，还存在跨区域选任的障碍以及选任时是否要考虑债权人的意见等问题。

（2）义务约束的设定

《企业破产法》第二十七条规定："管理人应勤勉尽责忠实执行职务。"此规定是为了让管理人在履职的过程中保持中立性和专业性。但是破产法中管理人的勤勉尽责、忠实履职义务的规定缺乏详细的判断标准，各地的工作规范指引效力不同，也不能达到如法律一样的强制性效力。因此，关于管理人的勤勉尽责义务已经不能满足于法律上的笼统规定，而应从防止简单的疏忽过渡到真正的避免失误。此外有学者提出忠实、勤勉义务可以一元化为一个积极经营即继续经营的义务，但是在此义务中要如何保证债权人的意思自治空间仍需要进一步的明确。

（3）责任威慑的设置

管理人在破产程序中居于核心地位，是破产财产"守护神"。但是如果破产管理人滥用权力或者怠于行使权力都有可能承担相应的法律责任。通过责任的威慑可以警醒甚至避免破产管理人不正当的履职行为。我国《企业破产法》第一百三十条规定了管理人未勤勉尽责，忠实执行职务的民事责任；第一百三十一条规定了刑事责任，最高人民法院《关于审理企业破产案件指定管理人的规定》规定了对管理人及其所在机构的一种行政处罚。此外，如果管理人违反了行业自律规定同样也要受到行业协会的纪律惩戒。但是管理人承担责任的前提是其责任明确。目前，对破产管理人责任的承担法律规定并不明确，如只对民事责任进行原则化规定，且责任的种类过于单一，还缺少对免责事由的规定。

3. 破产管理人履职机制的优化

对破产管理人履职机制的优化主要从两方面入手：一方面要完善破产管理人的职权配置，另一方面要健全破产管理人的约束机制。

（1）完善破产管理人职权配置

首先，要扩大调查权的范围。为了保证管理人有效行使调查权以获取充分的信息，《英国破产法》第一百三十一条将公司以前的负责人、曾参与公司成立的人员、管理人以及认为可以提供相关信息的公司雇员均纳入被调查的主体范围。《英国破产法》中大力保障破产管理人调查权的措施极大推进了破产程序的进度。可以适度扩大我国破产管理人可被调查的主体范围，对那些能对债务人企业的经营、财产状况产生重大影响的主体和事项，有必要进行尽职调查。例如，我国可以将债务人控股企业以及关联企业负责人、高管以及主要财务人员等纳入调查范围。总之，从立法上扩大调查权的主体和事项范围，核实是否存在关联交易和其他损害债权人利益的行为，有利于管理人做出更理性的判断，还可以反过来威慑债务人的不正当行为。

其次，优化重整计划的提案权。我国《企业破产法》第八十条的专属提案权存在争议。参考《德国破产法》第 218 条的规定："破产管理人和债务人均有权提出重整计划草案。债权人会议也可以在报告期日授权管理人，在适当期限内制作并提交重整计划草案。"以及 1978 年《美国破产法》采取了附期限的专属提案权的模式。有学者提出取一元模式和多元竞争模式的折中，实行适度竞争的提案权，即一定期限的提案权。此种模式既保证了专业性较高的破产管理人或者债务人的提案权，又为债权人的意思自治提供了可能性。

（2）健全破产管理人约束机制

完善管理人选任机制。公平受偿是破产法的首要原则，因此需要系统且明晰的选任机制，以此保证管理人的中立性。但是我国破产管理人的选任制度尚不成熟，需要进行完善。破产案件不同于其他案件，其程序复杂，为了高效办理破产案件必须对破产管理人专业性进行审核。破产管理人是企业的外部主体，不比企业管理者更了解企业真实情况，所以其处理案件时可能会面临关键信息的缺失、商业经营能力低下进一步损害企业现存价值的情况。因此，在选任时可以适当纳入管理层的专业人士参与企业的经营管理。法院还可以适度放权让管理人聘请专业人士，避免破产程序的中断。此外，法院在选任管理人时可以加强与当地管理人协会的沟通，选任合适的管理人。为了便利管理人开展协调等工作，还可以在竞争选任时让债权人委员会或者主要债权人行使建议权和听证的权力。

①明晰管理人忠实勤勉义务。破产法对忠实勤勉义务的认定没有统一标准，导致管理人责任纠纷案件频出，因此要明确忠实和勤勉义务的判断标准。

首先，对管理人的勤勉义务判断时，要兼顾履职内容和借鉴公司法对勤勉义务的规定。可以以管理人履职时的裁量空间为标准区分出可裁量职责和非可裁量职责。对可裁量职责，管理人的意思自治较大，在勤勉义务的界定上需要一般人的注意，即将一般人在当时条件下应尽到的注意程度作为衡量标准。而非可裁量职责应做严格解释，即要求管理人尽到善良管理人的注意，在破产程序中体现专业性。

其次，对忠实义务的判断，实践中有的法院根据管理人的行为是否有助于债权人整体利益维护从而对管理人的忠实义务进行衡量。管理人的忠实义务既要符合破产法的目的，也要符合管理人制度的设立目的。管理人在破产程序中要处理好破产财产的保管、清理等事务。管理人做到忠诚尽职，促进破产财产的价值最大化。

②防范管理人责任风险。首先，可以合理使用管理人执业责任类保险制度。法律上并没有机构管理人参加职业责任保险的强制性规定，但是实践中法院多选择机构担任管理人，所以，由机构担任的管理人很有必要参加执业保险。其次，设立民事责任免责事由。引入商业判断规则，是普通法国家中用以判断公司董事是否履行义务的标准，可以维护公司董事的独立判断。商业判断适用的要件是无利害关系、独立于交易、在做出决策时获取了所有信息。在破产程序中如果管理人能够证明上述条件则其可以适用商业判断规定免于承担民事责任。司法豁免制度，指管理人做出决策之前经过人民法院的许可能免除民事责任。

（3）强化债权人委员会的职权

债权人委员会代表整体债权人决议，是监督和约束管理人履职的最佳主体。建议建立常态化的债权人委员会，有利于管理人和债权人的沟通与合作。管理人作为破产程序的主体只有一部分的决策权，财产分配方案的最终决策权在债权人会议，当债权人委员会常态化或者职权强化之后可以给予管理人一定的指导，进一步解决由于无人决策时法院越位的情况。

（二）对破产债权人的效力

当破产终结之后，破产企业的主体资格会随之消灭，那些债权人没有分配的债券，会随着裁定的做出而消失。因此，在结束之后，债权人没有权利再向债务人申请新的权利。但是，债权人对破产企业的连带债务人、保证人等享有的权利是不受其影响的。

（三）对破产管理人的效力

企业法人的登记成立都是根据法定程序来的，当企业法人破产之后，也应该到正规的机关单位办理注销手续。当法院做出破产程序裁定之后，破产管理人的一项法定义务就是对破产人进行注销登记。基于此，我国的《企业破产法》中的第一百二十一条明确规定，当破产程序终结之日起，管理人应该在10日内持有人民法院程序的裁定，向破产人的原登记机关办理注销登记。当办理完注销登记之后，如果没有仲裁未决或者其他诉讼情况，那么该管理人的职责履行也就关闭了。

（四）对破坏人的保证人和其他连带债务人的效力

因为破产程序终结，企业法人也会随之终止，债务因为法人资格的消失也不再进行清偿。但是，债务人的破产并不能完全导致其债权人债券的消失，债券仍然可以从债务人的保证人和其他连带债务人之处得到清偿。

第四节　破产法相关案例分析

前文对破产、破产法律制度、破产流程的法律制度、破产清算的法律效力进行了分析，下面以“上海浦申实业公司破产案”这一实际案例进行分析。

一、案例介绍

上海浦申实业公司破产案

——债权人申请破产的目的

浦申公司1994年由其主管部门上海华埔贸易公司开办成立，1996年停业，法定代表人去向不明，公司财务及经营管理人均离职自谋出路。该公司资产净值300余万元，被上海市第一中级人民法院另案查封，其主管部门法定代表人等也下落不明。1997年1月6日，浦申公司的债权人深圳新海工贸发展有限公司向上海市长宁区法院申请宣告浦申公司破产还债。申请人向法院提供的《关于浦申公司1996年8月31日资产、负债、所有者权益的鉴证审计报告》表明，浦申公司账面资产总计554万元，负债261万元，所有者权益293万元。有5笔账外银行借款1 030万元去向不明，账上既未反映债务情况，又未反映借入资金的使用情况。

长宁法院立案受理后，经通知债权人申报债权，共有20余家债权人申报，债权总额为2 344万元。1997年5月21日，法院主持召开第一次债权人会议，由上海城市合作银行延安支行等5家银行在内的12家债权人参加会议，银行债权占债权总额60%以上，债务人一方无人列席会议。

债权人会议听取申请人的陈述说明后，认为债务人1 030万元的资金去向不明，尚有不少债务未列入审计报告，对此应当有个明确的说法；如果非系经营性亏损而挪作他用，则债权人利益和国有资产将严重流失。债务人申请破产的条件尚不具备，不同意浦申公司破产。

据此，法院认为，半数以上的债权人不同意破产，债务人去向不明的财产占企业资产相当比例，且法定代表人下落不明，目前实施破产不利于保护债权人的合法权益，故裁定如下：终结浦申公司破产还债程序，本案移送上海市公安局长宁分局处理。

二、案例分析

一般来说，破产申请主体有两种：债权人与债务人。本案例是由债权人申请的，即深圳新海工贸发展有限公司，其采用司法途径解决当前的债权债务关系。但是，由于债务人有隐匿、私分以及财产下落不明等损害债权人利益的情况，因此提出破产申请很可能会对债权人造成损失，因此破产申请人有权利向人民法院申请采取正当财产保全的措施，这样有助于判决的执行，也能够保证个别清偿的实现。

第六章　票据法相关理论与应用

所谓票据，指的是无因性的完全有价证券与要式证券。从历史角度来看，票据制度是因为社会商品经济的快速发展而产生的，而票据制度的建立与完善又在很大程度上促进了商品经济的发展。从法律角度来看，票据法从属于商法的范畴，是以规范票据关系为对象的特殊商法形式。相对于票据的实质关系而言，票据法律关系是一种形式关系。本章就来详细研究票据法相关理论与应用，首先对票据法律关系进行概述，然后探讨汇票制度、本票与支票制度，在此基础上再介绍一些票据法的应用案例。

第一节　票据法律关系

票据伴随着商品经济的发展而发展，对商品经济体系的形成具有一定的促进作用。想要系统了解票据法律制度的相关内容，需要首先知道票据的概念与特征。

一、票据

（一）票据的概念

对于票据，可以从两个角度进行理解。从广义角度来看，票据指的是各种写有一定文字并代表一定权利的文书凭证，如货单、股票、汇票、车票、船票等，这些都被称作票据。从狭义角度来看，票据属于专有名词的范畴，特指票据法中所规定的汇票、本票以及支票等。可见，狭义上的票据是出票人依据票据法发行的、无条件支付一定金额或委托他人无条件支付一定金额给收款人或持票人的一种文书凭证。[1]从法律角度进行分析可知，狭义票据属于证券中的有价证券。有价证券是代表某种财产性权利的证券，其与所代表的权利紧密结合，只有持有相应的证券才能行使一定的权利。由于票据具有有价证券的典型特点，因此票据权利的发生、行使、转移必须以持有票据为前提条件，如果没有票据自然是不能主张、转让票据的。

（二）票据的特征

票据在形成与发展的过程中逐渐出现了一些鲜明的特征，这些特征主要表现在以下几个方面。

1. 票据是设权证券

票据属于有价证券。依据制作以及交付证券结果的不同情况，人们将有价证券分为设权证券和证权证券。所谓设权证券，即依法制作和交付之后同时产生某项权利的证券。所谓证权证券，指的是证明某项权利的证券，这种证券并不依赖证券的制作与交付，其本身所具有的权利在证券制作之前就已经存在。虽然票据的制作大多是因为一些基础性的关系，不过票据一旦制成，票据自身就会具有相应的权利，这种权利独立地对票据关系产生法律上

---

[1] 王卫国.商法[M].2版.北京：中央广播电视大学出版社，2008：211-212.

的效力。因此，票据属于设权证券中的一种。

2. 票据是完全有价证券

根据证券与权利两者的结合程度，人们通常将有价证券分为两种：完全有价证券和不完全有价证券。所谓完全有价证券，指的是权利与证券共生共存，权利的产生、行使、存在、转移必须依托于证券这一形式。证券能够与权利相分离的即为不完全有价证券。

通过上述票据的概念可以得知，票据与一定的财产或价值结合在一起，并通过交换一定数额的金钱来体现其自身的价值，可见票据与权利二者是不能彼此分离的。票据被制作出来之后便具有了相应的权利，票据被转移之时其所具有的权利也就发生了转移，在行使权利时需要出示或交回票据。只有占有了票据，才能占有票据所具有的价值；如果没有占有票据，那么就不能主张票据所具有的权利。可见，票据属于完全有价证券，这一特性同时反映了票据的提示性、交付性、返还性等属性。

3. 票据是要式证券

在我国，票据的形式要件要求是非常严格的，合格的票据必须依据法律规定的形式制作出来，否则就不具有相应的法律效力。《中华人民共和国票据法》（以下简称《票据法》）对汇票、本票、支票等的制作都给出了明文规定，必须具备的项目一个都不能缺少，如果缺少任何一个规定事项，那么票据都是无效的。

4. 票据是无因证券

无因证券又被称为“不要因证券”，指的是证券自身所具有的法律效力与制作证券的原因是完全分离的，证券权利的存在与行使不以证券的制作原因为要件。对于票据而言，持有人在行使票据的权利时并不需要说明自己取得票据的原因是什么，只要个人持有票据就可以理所当然地行使票据所具有的权利。对于自己取得票据的原因，持票人并无义务说明，债务人更没有权利进行审查。票据的无因性特点不仅有助于保障持票人的权利，而且有助于票据的顺利流通。

5. 票据是金钱债券证券

票据本身所记载的文字意义说明它是可以代替现金支付以及流通的工具。只有给付一定数额的货币才能交换票据，人们不得使用其他任何形式的财产或利益来交换票据，从这一角度来看显然票据属于金钱证券。

二、票据法

（一）票据法的概念

在我国，票据法随着社会的发展而不断完善。票据法即调整票据关系以及与票据有关的其他社会关系的法律规范的总称。[1]

从广义角度来看，票据法是国家各项法律中有关票据内容的总和，如民法中所规定的代理；民事诉讼法中规定的票据诉讼内容；刑法中规定的伪造有价证券内容；破产法规定的票据当事人受破产的宣告内容；税法中规定的票据印花税内容等。

从狭义角度来看，票据法指的是专门关于票据所建立的法律制度与规范。它不仅包括以“票据法”为名的单行法，而且也包括民法典、商法典中有关票据方面规定的章节。

一般而言，人们所提及的票据法指的就是狭义角度的票据法。从历史发展层面来分析可以得知，票据最初源自商人之间的经济往来，因而在人们眼中票据属于一种商务行为，所以世界上很多国家都将票据的相关规定撰写到商法典中，可见票据法属于商法的一个重要组成部分。不过随着社会与经济的快速发展，现代时期很多国家都制定了专门的票据法，将其从商法中独立出来，这使票据法在立法上拥有了独立的地位。

（二）票据法的特征

1. 强制性

票据法虽然允许票据当事人自主设定票据相关方面的义务，但是票据法律关系的设定、消灭都必须建立在法律规定的基础上。对于票据的内容，当事人无权更改，这是由法律明确规定的。也就是说，票据的内容不会依据票

[1] 范健，王建文.商法学[M].4版.北京：法律出版社，2015：422.

据当事人的喜好做出改动。例如，票据的性质、票据行为、票据种类、票据双方当事人的权利和义务等，这些在法律中都有明确、强制的规定，以避免票据当事人做出一些任意而为的行为。

2. 技术性

为了迎合商业活动的需求，世界上很多国家的票据法都是根据票据的本质规律专门设计出来的，这样做的目的在于确保票据在使用过程中体现出方便、安全的特点。因此，票据法具有较强的技术性特征。

3. 国际统一性

票据法制定的初衷是为了服务于世界各个国家之间所开展的商务和贸易活动。随着经济全球化的快速发展，世界上各个国家所制定的票据法日益趋同。例如，《日内瓦统一汇票本票法公约》与《日内瓦统一支票法》就是为了迎合国际贸易而特别制定的，这两部票据法已经被世界上的很多国家接受与认可。这体现出票据法本身所具有的国际统一性特点，票据法已经是目前世界上统一程度最高的法律体系。

第二节　汇票制度研究

汇票属于票据中的一种，在长期的发展过程中建立和完善了汇票制度体系。该体系涉及汇票、出票、背书、承兑、保证、付款、追索权等多方面内容。下面就来详细分析汇票制度的上述几项内容。

一、汇票

（一）汇票的概念

所谓汇票，是指经出票人签发之后委托付款人在汇票的限定日期内无条件支付一定金额给汇票持票人的票据。我国《票据法》第十九条规定："汇票是出票人签发的，委托付款人在见票时或者在指定日期内无条件支付确定金额给收款人或者持票人的票据。"

首先，汇票属于一种委托他人使用现金支付的票据形式。汇票的出票人只是签发汇票而不是汇票的付款人，他必须将票据支付金额委托给他人进行支付。从这一角度来看，汇票是一种委托证券，并不是自付证券。由此可知，汇票行为的当事人最少包括以下三个。

①出票人。汇票的出票人即签发汇票的人。

②付款人。汇票的付款人指的是受出票人委托并且需要支付一定金额给收款人的人。

③收款人。汇票的收款人指的是从出票人手中获得汇票同时有权利要求付款人支付款项的人。

其次，汇票上必须标有明确的到期时间。汇票并非要求人们见票即付，而是规定了一个到期日，这样做的目的在于确保人们可以有充分的时间来进行远程支付。为汇票规定到期日体现了票据自身所具有的信用职能，因而又被人们称为信用证券。

（二）汇票的特征

汇票的特征如下所述。

①汇票只有经过承兑才会产生自身的法律效力。承兑是本票与支票最大的区别，属于汇票特有的法律特征。

②汇票的出票人与付款人之间的委托付款关系必须是真实有效的，这点与本票不同，本票具有自付性质。

③汇票、本票、支票在付款期限上都可以见票即付，但汇票除了这种付款形式之外，还可以规定付款期限，如出票后定期付款、定日付款、见票后定期付款等。

二、出票

（一）出票的概念

我国《票据法》第二十条规定："出票是指出票人签发票据并将其交付给收款人的票据行为。"出票又被人们称为"发票""发行"等，作为一种最基本的票据行为，出票是其他票据行为产生和出现的基础。也就是说，只有首先出票，与票据相关的其他一系列票据行为才有可能发生。出票包括以下两个部分。

①做成票据。这种行为指的是出票人在票据法所规定票据内容的基础上将法定内容记载到票据上，然后签名或盖章。

②交付票据。这种行为指的是出票人依据自己的本意将已经做好的票据交付给他人占有。

（二）出票的效力

1. 出票对于出票人的效力

根据我国《票据法》第二十六条的相关规定可以得知，出票人对自己签发的汇票具有获得承兑和获得付款承担担保责任。

①担保承兑，这一法律术语指的是出票人对于自己所签发的汇票必须确保其具有承兑性，如果持有该汇票的人到银行去承兑而遭到拒绝的话，那么出票人就有义务来偿还持票人所遭受的损失。

②担保付款，这一法律术语指的是出票人对自己所签发的汇票要确保持票人在汇票到期之前能够获得应有的付款，如果持票人在汇票到期后得不到

付款，那么出票人就必须对持票人的损失做出赔偿。

对于上述两种担保责任而言，这是出票人的法定义务，是无法推脱的责任。即使出票人将免于担保责任的字样记载到汇票上，这种记载也是无效的。

2. 对收款人的效力

收款人在从出票人手里获得汇票之后，他便具有了付款请求权以及追索权。不过需要明确的是，收款人的付款请求权和追索权在付款人承兑汇票之前只是一种期待权，这种权利需要依赖收款人进行确认。收款人的付款请求权只有在付款人承兑汇票之后才成为一种现实权。另外，追索权行使的前提条件是付款人拒绝承兑汇票或者因为其他原因导致收款人无法获取自己的应得货币数额时。换言之，付款人由于一些主客观原因而导致汇票无法承兑，那么收款人在此时就有了行使追索的权利。

3. 对付款人的效力

付款人和出票人之间具有委托付款关系，当出票行为完成后，付款人就有了对汇票进行承兑的资格。不过，付款人在承兑汇票之前，还并不是汇票关系的真正当事人。如果付款人不承兑汇票，那么其就不负有为汇票付款的义务。当付款人完成承兑汇票的行为，就理所当然地成为汇票的第一债务人，对收款人就负有完全绝对的付款义务。

三、背书

（一）背书的概念

根据我国《票据法》第二十七条第四款的相关规定可以得知，背书属于一种汇票权利转让的行为。所谓背书，指的是持票人将全部或部分的汇票权利转让、授予他人来行使的行为，为了确保这一行为符合法律的规定，就在汇票的背面或粘单上记载这一事项，同时进行签章。在法律上，人们将这种行为称作一种附属票据行为。

背书行为一旦完成，该持票人就成为背书人，而涉及该票据行为的第三人则成为被背书人。

（二）背书的记载要求

由于背书属于一种要式行为，所以背书的书面记载中必须有背书人的名称、签章，否则背书作无效处理。在背书时，除了记载背书人的名称、签章之外，还必须记载明确的背书日期，如果背书上未记载背书的具体日期，那么就默认这种背书的到期日为票据的到期日。

我国《票据法》规定，通过背书形式转让的汇票，背书必须是连续的。所谓背书连续，指的是在汇票转让时转让汇票的背书人与取得汇票权利的被背书人在汇票上的签字和盖章必须是依次出现、前后衔接的。另外，通过背书转让汇票权利时不得附加任何条件。如果背书时附加了某些条件，那么这些条件在汇票上不具有任何法律效力。需要注意的是，背书只转让汇票部分金额的，或者将汇票金额分别转让给两个人以上背书时作无效处理。

（三）背书的种类

1. 转让背书、非转让背书

根据背书的不同目的，将背书分为转让背书和非转让背书两种。

①转让背书。这种类型的背书通常指的是汇票持票人背书的目的主要在于转让汇票的权利。该类型的背书就是一般意义上的背书。

②非转让背书。这种类型的背书指的是汇票持票人通过背书未将自己的汇票权利转让给他人，而是将自己一定的汇票权利授予他人行使。该类型的背书是特殊意义上的背书。

2. 一般转让背书、特殊转让背书

在转让背书中，人们根据背书中是否存在特殊情况而做出了进一步的划分，将转让背书分为一般转让背书、特殊转让背书两种。

①一般转让背书。这种类型的背书指的是持票人通过背书形式主要是将汇票权利的转让，排除在背书时间和被背书人中出现的特殊情形。

②特殊转让背书。这种类型的背书与一般转让背书完全相反。也就是说，特殊转让背书中持票人在通过背书转让汇票权利时在背书时间以及被背书人方面会有一些特殊的情况和要求。

3. 完全背书、空白背书

在转让背书中，人们根据转让背书不同的目的而对其做了进一步划分，将转让背书分为完全背书、空白背书两种。

①完全背书。这种类型的转让背书又被称为“正式背书”“记名背书”，指的是背书人在汇票背面或粘单上记载背书的内容，然后背书人、被背书人依次签名和盖章的背书。

②空白背书。这种类型的转让背书又被称为“略式背书”“无记名背书”，指的是背书人并不记载被背书人的名称，上面只有自己也即背书人签章的背书。

根据我国《票据法》第三十条规定：“汇票通过背书的形式转让给他人时上面必须记载被背书人的名称。”可见，在我国是不承认有空白背书这一形式的。

4. 委任背书、设质背书

根据转让背书的不同目的，人们将转让背书分为委任背书、设质背书两种。

①委任背书。这种类型的背书指的是持票人以行使票据权利为目的，将自己的票据权利授予被背书人进行代理。

②设质背书。这种类型的背书又被人们称为“质权背书”，指的是持票人以在票据权利上设定质权为目的而为的背书。

（四）转让背书

根据背书不同的记载方式，转让背书可以分为完全背书与空白背书，不过我国《票据法》是不承认空白背书的，因而这里所分析的转让背书专门指的是完全背书。

特殊转让背书通常分为回头背书和期后背书两种。

①回头背书。回头背书又被人们称为“还原背书”“逆背书”“回还背

书”等，指的是背书人以转让自己手中票据的权利为目的，以原票据债务人为背书人以依法所为的背书行为。其中，原票据债务人指的是原票据的出票人、背书人、承兑人、保证人、付款人等，可以是他们中的任何一类。

与这种回头背书不同的是，完全背书往往是排除原票据债务人，而以票据关系当事人之外的其他人为被背书人。我国《票据法》第六十九条对此作出了间接规定：“持票人为出票人的，对其前手无追索权；持票人为背书人的，对其后手无追索权。”❶

②期后背书。期后背书又被人们称为“后背书”，指的是持票人手中的票据被拒绝承兑，或者付款人拒绝付款，或者票据的提示期限已经过去，这些情况下持票人出于转让票据权利而为的背书。我国《票据法》第三十六条规定：“汇票被拒绝承兑、被拒绝付款或者超过付款提示期限的，不得背书转让，背书转让的，背书人应当承兑汇票责任。”❶

对于转让背书而言，它建立在法律规定的基础之上，本身具有以下三种效力。

①权利转移效力。转让背书这一行为的本质就是汇票权利的转让，因此体现了背书人的主要目的和本来意图，即转移汇票上的权利。背书一旦成立，汇票上被转移的权利便从背书人的手中到了被背书人的手中，被背书人就成为汇票权利的代理人。根据背书转移的权利，人们将转移效力分为对付款人的付款请求权、对出票人和背书人以及保证人的追索权等。权利转移效力是转让背书的最主要效力。

②权利担保效力。所谓担保效力，指的是背书人对被背书人以及其后手有担保承兑以及担保付款的责任。简言之，如果汇票持票人在请求付款人承兑或付款时遭到对方拒绝，那么持票人就具有了追索权，他可以对背书人行使这一权利。根据我国《票据法》的相关规定可以得知，背书人所承担的权利担保效力是由法律给予明确规定的，背书人不得通过任何方式免除该担保责任。

---

❶ 范建，王建文.商法学[M].4版.北京：法律出版社，2015：444-445.

③权利证明效力。转让背书的权利证明效力主要体现在背书的连续性上。如果持票人手里的汇票在背书上显示是连续的，那么依我国《票据法》就可以得知持票人就是该汇票正当的权利人而享有汇票上所记载的一切权利。汇票持票人在行使自己所拥有的汇票权利时，同样也需要以背书的连续性来证明自己就是该票据的正当权利人。

（五）非转让背书

1. 委任背书

委任背书的目的并不是转让汇票的权利，所以委任背书行为发生后汇票的权利并没有发生转移。换言之，汇票权利仍然属于背书人自己所有，被背书人对于汇票所具有的只是代理背书人行使汇票权利的权限。在委任背书行为完成后，被背书人所取得的汇票代理权包括除了汇票权利转移之外汇票上所记载的所有权利，如汇票的付款请求权、汇票的追索权等。另外，委任背书同样具有权利证明这一效力，不过委任背书证明的权利是被背书人的代理权，并不是汇票自身的权利。

2. 设质背书

我国《票据法》第三十五条第二款规定："汇票可以设定质押，质押时应当以背书记载'质押'字样。被背书人依法实现其质权时，可以行使汇票权利。"[1]据此可知，设质背书除了必须记载有背书人的签章之外，上面还必须记载"质押""设质"等字样。如果汇票上只有出质人所记载的"质押"字样，并没有在上面签章，或者出质人没有在汇票或粘单上记载"质押"，而通过其他途径如质押合同等来完成设置背书的行为，那么这些都不构成票据质押，即无效的设质背书。

设质背书具有质权设定效力，这是设质背书的最主要效力。被背书人在完成设质背书的行为后就拥有了汇票质权，便可以行使汇票本身所具有的权利，还可以收取汇票的金额。被背书人如果在请求付款时遭到拒绝，那么其

[1] 范建，王建文.商法学[M].4版.北京：法律出版社，2015：445.

同样具有行使追索的权利。另外，设质背书同样具有权利证明的效力，其可以证明被背书人拥有质权，并不是拥有汇票权利。

四、承兑

（一）承兑的概念

所谓承兑，即汇票付款人承诺在汇票到期日之前支付汇票金额给收款人的票据行为。[1]作为一种附属票据行为，承兑行为得以实现和完成的前提是出票行为的成立。另外，承兑行为的发生必须在汇票的有效期限内完成，如果承兑行为在汇票有限期限之外发生，那么该行为作无效处理。承兑行为的直接当事人是汇票的付款人，其在汇票到期日之前将汇票金额支付给收款人。

承兑行为属于一种法律上的要式行为，这一行为的完成需要汇票承兑人在汇票的正面记载承兑的字样和具体日期，同时在汇票正面签章。承兑是汇票持票人行使票据权利的重要程序之一，只有付款人承兑汇票之后，汇票持票人才能确定自己的付款请求权。

作为票据法中特有的一种制度，承兑行为主要的目的在于确定汇票上的法律关系，即权利和义务的关系。汇票作为一种典型的信用证券，只有自身的权利和义务关系得到确定，才能在国内顺利流通。

（二）承兑的程序

1. 承兑提示

所谓承兑提示，即汇票持票人将汇票出示给付款人，同时要求付款人承

---

[1] 范建，王建文.商法学[M].4版.北京：法律出版社，2015：446.

诺付款的行为。严格来说，承兑提示这一行为并不属于票据行为，该行为只是承兑行为的一个前提。为承兑而提示付款人的行为人被称为提示人，付款人则被称为被提示人。

世界上多个国家的票据法对于承兑采取的都是承兑自由原则，因而汇票持票人原则是可以自由选择是否要对付款人采取承兑提示行为。前文已经提及，承兑可以将汇票当事人的权利和义务给予确定，因而持票人往往在承兑提示上具有积极态度。各个国家的票据法对承兑行为的规定略有不同，有的汇票不需要采取承兑提示行为，有的汇票则可以采取承兑提示行为，有的汇票则应当采取承兑提示行为。这三种情况也使得承兑的期间各不相同。

①不需要承兑提示的汇票。这类汇票通常指的是见票即付的汇票。我国《票据法》第四十条第三款规定："见票即付的汇票无须提示承兑。"

②可以承兑提示的汇票。这类汇票一般指的是定期付款或者出票后定期付款的汇票。从汇票出票的时间算起，在汇票的有效期限之内，持票人可以随时随地对付款人采取承兑提示行为。

③应当承兑提示的汇票。这类汇票指的是见票后定期付款的汇票。我国《票据法》第四十条第一款规定："见票后定期付款的汇票，持票人应当自出票日起一个月内向付款人提示承兑。"

2.承兑和拒绝承兑

根据我国《票据法》的相关规定可知，当汇票持票人向付款人采取承兑提示行为之后的三日内，付款人需要给出承兑或拒绝承兑的回应。如果三日之后付款人未作出任何回应，那么就默认为拒绝承兑。如果付款人答应承兑，则需要在汇票的正面记载"承兑"字样，同时进行签名和盖章。

作为法律中的一种要式行为，承兑必须由承兑人在汇票的正面记载"承兑"字样并签章。也就是说，签章、承兑字样、承兑日期是汇票承兑的必要记载事项。不过，承兑有正式和略式之分。

①正式承兑。在这一票据行为中，付款人需要在汇票的正面记载"承兑"字样并签章。可见，正式承兑的绝对必要记载事项是承兑字样和付款人签章。

②略式承兑。在这一票据行为中，付款人仅需要在汇票上签章即可，并不需要记载"承兑"字样。可见，略式承兑的绝对必要记载事项仅有一项，

即付款人的签章。

通常而言，承兑日期属于承兑行为中的相对必要记载事项。不过有一种例外情况，就是见票后定期付款的汇票。这种汇票的承兑日期关系到汇票有效期限的确定和计算，因而付款人必须在这种汇票上记载明确的承兑日期。因此，对于这种汇票而言，承兑日期就属于绝对必要记载事项。

3. 汇票的回单与交付

汇票的持票人在完成承兑的行为后，需要将汇票临时交给付款人。在付款人做出承兑或拒绝承兑的期间内，汇票暂时由付款人持有。我国《票据法》第四十一条第二款规定："付款人收到持票人提示承兑的汇票时，应当向持票人签发收到汇票的回单。回单上必须记明汇票提示承兑的日期并签章。"❶

如果付款人决定承兑汇票，则应当在规定的时间内将证明记载有"承兑"的汇票交付给持票人。付款人可以通过当面交付、邮寄交付、书面通知等方式完成交付行为。如果付款人在规定的时间内并没有将汇票交付给持票人，那么这种行为就视作拒绝承兑。

（三）承兑的效力

付款人一旦进行汇票的承兑，就成为承兑人，对汇票的债务承担主要的责任。承兑人自身所担负的票据责任具有绝对性，不受其他因素的影响，除非汇票权利的时效届满。如果承兑人超过了规定付款时间仍然不付款，那么持票人可以依据《票据法》向汇票的出票人、背书人、承兑人、保证人行使追索权。

❶ 范建，王建文.商法学[M].4版.北京：法律出版社，2015：447.

第三节 本票与支票制度

本票与支票制度是《票据法》的重要组成部分。虽然本票与支票的很多法律规定与汇票的相关规定在内容上比较雷同，但本票与支票制度也有一些特殊的法律适应规则。为了对《票据法》有一个全面、系统的了解，本节就来详细分析本票与支票制度。

一、本票制度

（一）本票

1. 本票的概念

所谓本票，指的是出票人签发的，并承诺在见票时或者在指定日期无条件支付确定金额给收款人或者持票人的一种票据。[1]对于这一概念，可进行如下几个方面的理解。

首先，本票属于票据中的一种，自身所具有的性质与票据的性质完全吻合。例如，本票属于金钱证券、文义证券、提示证券、设权证券、无因证券等。

其次，本票属于自付证券，也就是票据由出票人自己来支付。从这一角度来看，本票的当事人只有两种：出票人与收款人。这与汇票、支票所涉及的当事人是不同的，汇票与支票的法律当事人有三种：出票人、收款人、付款人。虽然在汇票和支票中有时候也会出现出票人同时也是付款人的对己汇票、对己支票，不过这是由于当事人的资格兼并所形成的一种变式票据，并

[1] 王卫国.商法[M].2版.北京：中央广播电视大学出版社，2008：244.

不属于正常情况。

最后，本票是一种信用证券，因为其是见票时或者在指定日期内无条件支付的票据。这方面与汇票是相同的，不过由于本票的出票人在完成发票行为后就负有无条件付款的责任，因而期间并不用采取承兑行为。

2. 本票的出票

本票的出票指的是出票人依照法律的规定制作出合法的本票同时将本票交付收款人的行为。从形式上而言，本票的出票与汇票的出票是一致的。但从法律角度来看，汇票的出票是出票人委托付款人依其签发的汇票付款的一种意思表示，但本票的出票则是出票人自己承担本票金额和付款义务的一种意思表示，二者具有不同的法律效果。

作为一种要式票据，本票在格式上有严格的要求。签发的本票必须依据法律规定的格式进行制作，否则就不具有相应的法律效力。通常而言，本票的必要记载事项包括如下几种：

①“本票”字样；

②明确的金额；

③收款人的名称；

④无条件支付的承诺；

⑤出票的明确日期；

⑥出票人的签章。

对于上述六个事项，都是本票的绝对必要记载事项。如果本票上缺乏上述任何一种事项，那么该本票将视作无效。

3. 本票的见票

所谓见票，即本票持票人为了确定本票的到期时间，从而向出票人提示本票，然后由出票人在本票上记载“见票”字样同时签章的票据行为。对于这一概念，可以从以下几个层次进行理解。

首先，见票的直接当事人是出票人，是出票人在本票上记载“见票”并签名和盖章，这一行为中的当事人是唯一的，并不能进行更换，如背书人在本票上所记载的“见票”字样就是无效的法律行为。

其次，见票仅指的是见票后定期付款的本票，其他种类的本票如即期付款的本票不会出现见票的法律行为。

最后，持票人向出票人提示见票的目的主要是为了确定该票据的到期时间。由于见票后定期付款的本票因为没有通过见票这一行为而不能确定票据的到期日，因而持票人也就无法行使自身的付款请求权。

大致而言，见票的程序包括如下两个方面。

①见票提示。本票持票人应该在规定时间内向出票人提示本票，请求出票人“见票”。

②见票记载。出票人收到持票人请求见票的要求后，就需要在本票上记载“见票”字样，同时写明见票日期，最后签名。在完成上述法律行为后，出票人需要将本票交还持票人。

（二）本票的特殊规则

由于本票的性质在很多方面与汇票都是相同的，因而为了减少法律条文的重复内容，世界上很多国家的票据法都以在实际贸易中发挥作用比较大的汇票为主进行规定。对于本票而言，票据法中通常规定的都是其与汇票不同的内容，如果与汇票内容相同，那么就适用于汇票制度的规定。

二、支票制度

（一）支票

1. 支票的概念

所谓支票，即由出票人签发的，指示办理存款业务的金融机构即付款人在见票时无条件支付确定金额给收款人或持票人的票据。[1]对于这一概念，可以从以下几个层面进行理解。

---

[1] 王卫国.商法[M].2版.北京：中央广播电视大学出版社，2008：247.

首先，支票属于票据中的一种，其与汇票、本票具有同等重要的地位。相应地，本票自身的性质与票据的性质同样是十分吻合的。

其次，支票是一种委托证券，即出票人委托给付款人按照其指示的金额无条件支付给收款人或者持票人。在我国，可以充当支票付款人的金融机构必须经中国人民银行批准，也就是说，只有在中国人民银行批准之后，某一金融机构才有资格办理支票付款业务。

最后，支票是一种支付证券，付款人必须在见票后无条件支付确定金额，即见票即付。这一特点与同样是委托证券的汇票是不同的，付款人在为支票付款时不得附带任何其他条件。

2. 支票资金的关系

①支票资金。所谓支票资金，指的是出票人在付款人处存有一定的金钱数额，同时出票人具有处理这笔金钱的权限，这是出票人签发支票的前提条件。如果上述条件不具备，那么出票人所签发的支票将不能获得及时兑现，从而成为“空头支票”。

②支票合同。所谓支票合同，指的是出票人首先需要将一笔款项存入银行，然后与银行约定由自己签发支票来处理这笔款项，银行则根据出票人所签发的支票从出票人之前的存款中拨出款项兑现，上述出票人与银行之前的约定就是支票合同。在支票合同中，出票人需要承担存款到银行的义务，同时授权银行可以支付这笔存款，而银行则承担根据支票指示进行付款的义务。

3. 支票的转让

对于支票的转让，与汇票这一指定式证券一样都可以通过背书的形式进行转让。由于支票属于流通证券的一种，因此除了法律规定的或者出票人给予明确记载“禁止背书”“禁止指定”等限定外，可以流通和转让。对于支票背书的要件，与汇票背书是相同的，因而不再进行赘述。

（二）支票的特殊规则

与本票的法律规定一样，支票制度的很多法律规定与汇票制度都是相同的，因而如果再对支票制度进行详细规定，那么就会造成法律条文的烦琐与重复。因此，很多国家为了简化法律条文、避免重复，就对支票的特殊之处进行了单独规定，而对于支票与汇票相同的部分，则规定支票适用于汇票规定的条款。

第四节　票据法相关案例分析

一、票据法应用案例研究（一）

（一）案例介绍

出票时间错误与票据文义性之间的关系

丙公司采取背书转让的方式转账了一张支票，这张支票的票面金额是50万元。在此票据行为中，出票人为甲公司、收款人为乙公司、付款人为A银行，出票的确定时间是2007年10月1日。

2007年10月10日，丙公司向A银行行使了付款提示行为。此时，甲公司则向A银行提出了异议，因为甲公司认为2007年10月1日为国家法定假期，甲公司在2007年9月30日下午就已经放假，同时为全体员工安排了旅游度假的活动，因而根本不会在2007年10月1日签发这张支票，这张支票的实际签发时间是2007年9月29日，显然丙公司已经超过了法定的提示付款期限，为此，甲公司认为A银行可以拒绝向丙公司付款。为了给予更加充分的证明，甲公司将自己公司的放假通知、旅游的门票、住宿发票、公司财务人员的证词都提交给了银行。

（二）案例分析

根据我国票据法的相关规定可以得知，为了确保国内票据的安全、有效流通，维护交易双方的财产安全，也为了维护善意持票人自身的票据权利，同时还根据票据自身所具有的文义性特征，可以认定上述案例中转账支票的出票日期为2007年10月1日，甲公司并不能通过自己所提供的这些证明来认定该转账支票的出票日期为2007年9月29日。

二、票据法应用案例研究（二）

（一）案例介绍

受胁迫之票据行为的效力

2016年10月19日，A 由于拖欠了B的贷款而被B采取非法手段拘禁起来。在B的威逼利诱之下，A无奈开具了一张10万元的现金支票交给了B。B拿到支票后就立刻赶往银行兑现，不料在去银行的途中被C抢劫了，自己所拿的10万元支票也同样被C抢走。C得到这张支票后就交给了D，因为C在与D赌博时输了很多钱，所以就用这张支票抵了赌债。而D则又将这张支票给了E，目的是偿还自己在E处的巨额贷款。最后，E拿着这张支票去了银行，想要兑取现金，然而银行却告知E该支票的出票人在银行的余额不足，所以不给兑现并将该支票退给了E。E最后拿着这张支票找到了A，想让A兑现这笔款项，然而A却以自己当时是在被胁迫的情况下所签发的为由，认为这张支票是无效支票，自己根本不需要承担票据债务责任。

（二）案例分析

在上述案例中，除了票据关系之外还有其他很多种法律关系。不过这里仅针对其中的票据关系展开分析。对于上述案例，E显然是善意持票人，他在取得该支票的过程中任何行为都是合法的，并没有出现任何过错。然而，由于A银行账户上并没有等额的现金，所以A所开出的这张支票属于空头支票。出票人不得以自己受胁迫之出票事由向善意的持票人提出抗议。

第七章　保险法相关理论与应用

人们在社会生活中不可避免会遭遇来自自然灾害、意外事故以及其他一些原因所带来的损失。为了最大限度地挽回损失，保险业应运而生。经过多年的发展，保险法已形成了一套较完整、系统的法律制度，并在社会生活中发挥着不可替代的作用。本章就围绕保险法相关理论与应用展开研究。

第一节　保险法律制度

一、危险概述

所谓危险，即在特定的客观环境下，在特定期间内，某种损失发生的可能性。正是因为危险的存在及人民对危险防范的现实需求使现代社会中必须有一系列的保障制度。当然，各种危险的存在是有一定特性的，如客观性、偶然性、损失性、普遍性等。

危险在人们的工作和生活中是时刻存在的。换句话说，危险的存在和发生是不以人的主观意志为转移的，具有一定的客观性。

危险是否发生、危险发生的时间和地点、危险是如何发生的、危险造成的结果及谁来承担危险带来的损失等，这些因素都是不确定的。因此，危险具有一定的偶然性。

危险的发生常常带来一些人身损害和财产损失。显然，危险是有损失性的。

危险还是普遍存在的，它无时无刻不存在于人们的生活中，所以我们只能正视这种事实。[1]

二、保险概述

（一）保险的定义

Insurance或Assurance（保险）一词源自意大利语Sigurare，意思有“担保、抵押、负担、保护”等。但是14世纪后期随着航海商业的发展，为了适应海上保险的需要，这一术语的意义得到了扩充，有了“保险”之意。“保险”一词最早出现在14世纪的意大利，那时是作为一个商业用语来用的，后来传到了英国，而后经英国又传至其他国家，最后由日本传入中国。

由此可知，“保险”一词的语义从开始就没脱离权利义务的法治观念，且有着商行为的法律特点。

在汉语中，“保险”一词的基本含义完全不同于西方“保险商行为”中的“保险”。在日常生活中，“保险”的语义为“稳妥可靠”“安全”等。我们认为，英汉“保险”一词的意思之所以相差甚远，主要是因为Insurance在

---

[1] 韩长印.商法教程[M].2版.北京：高等教育出版社，2011：415.

汉语中很难找到一个意思能完全对应的词。美中友协主席、保险学著名学者段开玲指出，汉语中“保险”一词多是由英语翻译过来的，实际上，将Insurance翻译成“保险”是一个错误。英语中的Insurance和Assurance的本义并无“险”的意思，其正确的翻译应该是“保安”“保卫”“保障”。

总之，从字面上解释“保险”一词是不科学的。保险法之所以称为保险是因为它是一种经济补偿的商行为。从法律层面上说，“保险”是指受同类危险威胁的人为满足其成员损失补偿的需要而组成的债务有偿性且具有独立的法律上请求权的共同团体。[1]

（二）保险的构成要素

保险的基本原则是根据合同的属性计算，将少数人的损失分散、转移给多数人，使损失得到合理的补偿。通常而言，保险有如下要素构成。

1. 特定的风险

保险产生的基本要素是有特定的风险。风险即某事件发生的不确定性。当然，并不是所有风险均能保险，而是只有有可能引起损失且不确定发生的风险才是可保风险。

2. 众人协力

集合危险，分散损失是保险的基本原理。想要确保保险制度的发挥，必须有众多社会成员购买保险，从而积累必要的保险基金。众人协力的互助共济关系是由保险公司通过分散的保险合同所组织的一种间接的互助共济关系。

3. 填补损失

保险是通过集合危险并分散损失的一种方式，其可以使保险事故发生的当事人遭受的损失得到合理、充分的经济补偿。

---

[1] 樊启荣.保险法[M].北京：北京大学出版社，2011：4.

三、保险法概述

概括来说，保险法就是以保险关系为调整对象的法律。保险法有广义和狭义之分。广义上的保险法是指调整保险关系的一切法律规范的总称，其既包括属于民商法范畴的保险合同法与保险特别法，又涵盖属于行政法范畴的保险业法与社会保障法。狭义层面上的保险法即保险合同法。广义上的保险法既包括保险公法，又包括保险私法。但狭义上的保险法仅包括保险私法，且通常仅指保险合同法。

通常而言，广义层面的保险法主要涉及保险合同法、保险特别法和保险业法。其中，保险合同法也称“保险契约法”，它是构成保险法的核心内容。一部正规的保险法典可以没有保险业法的有关规定，但不可以没有保险合同的相关规范。保险特别法就是除保险合同法以外，规范于民商法中关于保险关系的条文。保险业法亦称“保险事业法”“保险事业监督法”，它是国家对保险业进行监督与管理的一种强制法。[1]

四、保险法的地位

在传统意义上，保险法是一种私法，其与民商法有着密切关系，受民商合一还是民商分立的立法体例影响极大。在民商合一的国家，保险法是一种特别的民事法，所以民法与保险法之间有着普通法与特别法的关系。也就是说，只要是保险法中没有明确规定的，都应适用民法中的相应规定。但保险法在民法典中的位置并不同，一些国家将其置于债篇的“合同”中的“各类合同”中，如《意大利民法典》将保险置于第四编“债”之第三章“各类契约”的第二十节“保险”中。一些国家则在民法典外颁行单行的保险法。对

[1] 覃有土.商法概论[M].武汉：武汉大学出版社，2010：377-378.

于民商分立的一些国家，保险法等被纳入商法典中，从这一层面说，保险法是一种调整商业保险关系、规范商业保险行为的商事法，保险在商法中的位置被放在“商行为”篇之中。

对于保险法的范围是否涉及保险，这曾是一个有争议的问题。各个国家的保险法都仅适用于商业保险，而社会保险是由国家另外制定的法律。在对立法进行归类的过程中，一般不将社会保险立法归为保险法的一类。

对于商业保险与社会保险的关系，我国主要坚持以分类法为原则来解决。1995年颁布并实施的《中华人民共和国保险法》第二条将“保险”界定为“商业保险行为”，2010年颁布了《中华人民共和国社会保险法》。

五、保险法的原则

（一）保险与防灾防损相结合的原则

保险不仅仅是一种灾后补偿的消极行为，其还有防灾防损的积极意义。面对着众多的、随时随地都可能发生的、各种无法预料的且不可避免的意外事故和自然灾害，等这些灾后和事故发生之后，用经济进行补偿显然是一种消极手段，也无法从根本上解决问题。因此，在推行保险事业的同时，还应认真做好防灾防损的工作，尽可能将这些灾害或事故消灭于未然。

（二）诚信原则

诚信原则的基本精神是要求当事人在主张自身权利的同时承认对方的权利，当自己出现一些错误、遗漏等问题时，必须承担相应的法律责任。诚信原则原本是民商法制度中最基本的一个原则，其适用于民事和商事活动中的所有订约、履约、解释合同内容、接触法律关系、追究违约责任和侵权责任等行为。另外，诚信原则也是合同法具体制度的核心，因为保险活动常常涉及转移风险、承接风险的特殊交易，其行为方式与后果不同于普通合同行为，所以保险法的最大诚信原则要比民商法的诚信原则的要求更高，除了体现公平、等价交易等原则以外，还突出三种义务：告知义务、禁止反言义务和保证义务。

（三）守法原则

守法原则是每一位保险人和投保人都要遵守的行为准则，也是保险业监管机关与其他中介机构的行为准则。由于保险活动是一种金融活动，所以必须严格地遵守一些规则以减少纠纷的出现，从而更好地维护当事人双方的权益。守法原则要求在订立、履行、变更、解除保险合同时也要遵守保险法的有关规定，以及在设立、变更与终止保险业主体时的各个环节均严格遵守保险法的规定，这样不仅有利于平衡当事人双方的利益，而且有利于国家对保险市场的监督与维护。

（四）保险利益原则

保险法规定保险合同的效力一定要以保险利益的存在为基础，保险利益是投保人与受益人对保险标的具有法定利害关系的利益，还是能通过金钱给付确定的利益。如果一份保险合同中的投保人与被保险标的不存在保险利益，从逻辑上看没有投保人投保的动机，那么就只能认为投保人存在不可告人的目的，可能在利用投保进行一些财产保险欺诈或加害被保险人，出现或诱发道德风险。历经数百年的保险实践最终可以得出，保险必须在保险利益的平台上才可能正常进行。

（五）公平竞争原则

公平竞争原则是守法原则的一种补充，也是对守法原则的具体化，通常为对保险业主体提出的行业竞争要求。在市场经济条件下，不管是买方或卖方、接受服务还是提供服务，他们的法律地位均是平等的，没有法外优先权，不可以通过不正当的手段获得或抢占市场份额。

（六）损害赔偿原则

当被保险人因为保险事故而遭受损失时，应该按照合同先前的约定得到相应赔偿，这种赔偿是对财产与约定人身损害的恢复性补偿，有权益义务性质，按照财产法的基本原则，一物一主，财物遭受损失必须有人承担责任，保险是一种转移风险的法律活动，其赔付既不是侵权赔偿，也不是违约不就，而是惩戒他人风险的责任，所以这时的损害必须是财产的实际损失。

（七）保险代位求偿原则

在法律上，代位是指一个主体取代另一个主体法律地位行使权利，主要包括法定代位制度与授权代位制度，保险代位求偿就是一种授权代为行使权利的制度。

第二节　保险合同法律制度

一、保险合同概述

合同也称“契约”，是指当事人之间有关确立、变更和终止民事法律关系的一种协议。事实上，保险合同是合同的一种，是保险与投保人之间有关承担风险的一种民事法律关系。根据保险合同，投保人要向保险人交付约定的保险费用，保险人则要在约定的保险实务发生或约定的人身保险事件出现时，履行给付保险赔偿或保险金的义务。该定义是就自愿保险而言的，但在该定义中除了自愿协商这一因素以外，其他的基本适用于强制保险。

保险合同始终是有偿的。但从投保人所获得的保障来看，保险合同具有两种性质：补偿性和给付性。对于补偿性的保险合同，一旦被保险人遭受投保范围中包括的一定损失，保险人就要在事故发生后给予赔偿。补偿性合同囊括各种财产保险合同。对于给付性的保险合同，一旦被保险人遭受了合同中订明的事故，保险人就要履行给付的义务。

二、保险合同订立的基本程序

作为一种商事合同，保险合同订立的基本条件为：双方当事人要在意思自治的基础上达成共识。但是，在双方达成共识的基础上，保险合同又有其一定的特点。通常而言，保险合同的订立程序主要涉及以下方面。

（一）保险人提出保险要求

投保人提出保险要求，这一环节就是做出订立保险合同的要约。投保人通常包括有民事权利能力与行为能力的法人、自然人及其他组织。保险人既可以是经营主体，又可以是非经营主体。保险人提出的一些保险要求是以订立合同为目的的意思表示，其方式有很多种，如发投保函、填投保单、电话洽谈或当面接洽等。

（二）保险人同意承保

投保人同意承保，此一环节即做出订立保险合同的承诺。保险人向投保人提出一些保险要求，经过逐一审查，愿意接受投保人的保险要求并表示同意的，就说明保险人同意投保人所提的要约条件。从理论上讲，一旦保险人表示同意并给出承诺，合同即为成立。同意承保的方式也有很多种，如保险人用言词或书信表示同意，或是保险人将保险费收据交付投保人表示同意等。

（三）保险人与投保人就合同条款达成协议

通常而言，订立保险合同的过程也就是投保人与保险人就保险合同中的条款不断进行协商的过程。只有投保人与保险人双方就意见达成共识，并做出意思表示，保险合同才依法成立。

（四）投保单、保险单或其他保险凭证是大多数保险合同订立的必要形式

大多数保险合同的订立都要以投保人填写投保单的形式来表示。因此，保险合同成立的证明文件多为保险单及其他保险凭证或文件等。

投保单也称“要保书”“投保书”，是投保人向保险人申请订立保险合同的一种要约。一般而言，投保单需要由保险人事先制作好，并印制成标准的格式。投保单要包括与保险当事人及保险标的相关的条目，具体条款一般无需印制。

保险单简称“保单”，是保险双方当事人就保险合同条款达成共识之后，保险人向投保人签发的证明保险合同成立的一种正式的书面凭证。保单中要包括保险合同的全部内容。当保险合同成立以后，保单就是投保人与保险人权利、义务的重要依据，也是事故发生之后被保险人、受益人获得赔偿的主要凭证。[1]

---

[1] 范健.商法[M].4版.北京：高等教育出版社，2011：483-484.

三、保险合同的内容

（一）保险条款的特点

①保险条款是由一般保险人单方面制订的。

②保险条款规定的是有险种的最基本事项。

③保险合同成立之后，保险条款对投保人与保险人双方均有法律约束力。

（二）保险合同中的基本条款

1. 当事人的姓名、住所

合同订立之后，相关保险费用的请求支付、危险增加的通知、危险发生原因的调查、保险金的给付等相关事项，均与当事人及其住所相关。因为保单是保险人事先拟定好的，均印有保险人的名称与地点，所以保单上应填明的是投保人的姓名及住所，但在有些保险利益可以随保险标的转让而转给受让人的运输货物保险合同之中，投保人在填写自己的姓名时，可以标上“或其他指定人”字样，该保单可以由保险人背书转让。当然，保险合同的保单也可以用无记名式，随着保险获取的转移而转给第三方。

如果保险合同中还包括被保险人或受益人，那么也要记明他们的姓名。

2. 保险标的

保险标的又称“保险客体”，明确记载保险标的目的是判断投保人对保险标的有无保险利益，明确保险金额及保险人要承担保险责任的范围。

3. 保险金额

保险金额简称“保额”，即保险人承担赔偿或给付保险金责任的最高限额。对于定值保险，保险金额是双方约定的保险标的价值。对于不定值保险，保险金金额的确定需要采用如下三种方式：

①投保人根据保险标的实际价值进行确定。

②投保人与保险人根据保险标的实际情况加以确定。

③根据投保人会计账目最近的账面价值来确定。

4. 保险责任

所谓保险责任，即在保单上载明的危险发生造成保险标的损失或约定人身保险事件出现时，保险人要承担的赔偿或给付的责任，一般包括两部分责任：基本责任和特约责任，其中，基本责任主要针对基本险，特约责任则针对附加险或特别险。

5. 保险期间

保险期间也称“保险期限”，即保险合同的有效期限。对保险合同有效期限的计算，一般可以运用两种方法。

①用年、月计算。

②以事件的始末为保险期限。

6. 保险费和保险费率

保险费也称“保费”，即投保人为了换取保险人承担威胁赔偿责任的对价。保险费率即每一保险金额所要支付的对价比率，一般用百分率或千分率表示。

7. 订约的时间与地点

保险合同中还必须写明约定的时间，且必须具体。

8. 其他有关约定

所谓其他有关约定，即为了使与保险标的有关联的利益可以得到充分保障，要避免因为保险而产生的消极影响，要在保险条款中申明各项规定。[1]

---

[1] 王保树.商法[M].2版.北京：高等教育出版社，2014：395-397.

第三节　保险业法

一、保险公司的设立和业务

保险公司即经中国银行保险监督管理委员会批准，符合法定的资本条件、从业人员条件及其他条件，按照法定程序登记成立的企业法人。保险公司的设立及业务范围都是有相关条件和范围的，下面主要就这两个问题展开探究。

（一）保险公司设立的条件

1. 得到监管部门的批准

我国的保险法规定，保险公司应该采取股份有限公司或国有独资公司的形式。

2. 有一定的资本条件

保险公司为了确保其赔付能力，需要具备一定的资本金条件。对于全国性的保险公司，实收货币资本金不能低于5亿元人民币。对于区域性的保险公司，实收货币资金不可低于2亿元人民币。对于一些分公司，其营运资金不可低于5 000万元人民币。保险公司成立之后必须按照其注册资本金总额的20%提取保证金，存入中国保险监督委员会指定的银行。这些保证金除了用于清偿债务，没有中国保险监督委员会的批准，不可擅自动用。

（二）保险公司的主要业务

人身保险，主要包括如下业务：

①个人意外伤害险；

②个人定期死亡险；

③个人两全寿险；
④个人终身寿险；
⑤个人年金保险；
⑥个人短期健康险；
⑦个人长期健康险；
⑧团体意外伤害险；
⑨团体定期寿险；
⑩团体终身险；
⑪团体年金险；
⑫团体短期健康险；
⑬团体长期健康险；
⑭中国保险监督委员会批准的其保险业务；
⑮上述保险业务的再保险业务。
财产保险，主要包括如下业务：
①企业财产损失险；
②家庭财产损失险；
③建筑工程险；
④安装工程险；
⑤货物运输险；
⑥机动车辆险；
⑦船舶险；
⑧飞机险；
⑨航天险；
⑩核电站险；
⑪能源险；
⑫法定责任险；
⑬一般责任险；
⑭保证险；
⑮信用险；
⑯种植业险；

⑰养殖业险；

⑱中国保险监督委员会的其他保险业务；

⑲上述保险业务的再保险业务。

二、保险公司偿付能力的管理规则

保险公司的偿付能力即保险公司承担保险责任、履行赔偿或给付保险金义务的能力。为了确保保险公司有足够的偿付能力来承担赔偿或保险金给付的责任，使其可以稳健经营，保护股东与债权人的利益，各国保险法均对保险公司的偿付能力管理做了规定。

三、保险公司的经营管理规则

（一）强制再保险规则

为保证保险公司的财政稳定和偿付能力，各国的保险法都有相关规定，即保险公司的每一笔业务或每一个危险单位的最高自留额不可超出公司资本与公积金之和的一定比例，否则必须进行再保险。

（二）资金运用规则

保险公司的资金运用一定要稳健，以安全为宗旨。保险公司的资金运用主要有四种形式：银行存款；买卖债券、股票、证券投资基金份额等有价证券；投资不动产；国务院规定的其他资金运用形式。

（三）保险公司及其工作人员的禁止性行为

保险公司及其工作人员在工作中不可有以下行为：

①保险公司及工作人员不可欺骗投保人、被保险人或受益人；

②保险公司及工作人员不可对投保人隐瞒与保险合同相关的重要情况；

③保险公司及工作人员不可阻碍投保人履行本法规定的如实告知义务；

④保险公司及工作人员不可给予或承诺给予投保人、被保险人、受益人合同约定之外的保险费回扣或其他利益；

⑤保险公司及工作人员不可不依法履行保险合同中约定的赔偿或给付保险金的义务；

⑥保险公司及工作人员不可故意编造一些没发生的保险事故、虚构保险合同或故意夸大已经发生的保险事故的损失程度以获得虚假赔偿；

⑦保险公司及工作人员不可擅自挪用、截留或侵占保险费用；

⑧保险公司及工作人员不可委托未取得合法资格的机构或个人从事保险销售活动；

⑨保险公司及工作人员不可利用开展保险业务为其他机构或个人谋取不正当的利益；

⑩保险公司及工作人员不可利用保险经纪人、代理人或评估机构，从事以虚构保险中介业务或编造退保等方式套取费用等违法活动；

⑪保险公司及工作人员不可用捏造、散布虚假事实的方式损害竞争对手的信誉，或用不正当手段扰乱保险市场的秩序；

⑫保险公司及工作人员不可泄露有关投保人、被保险人的商业机密；

⑬保险公司及工作人员不可违反法律、行政法规与国务院保险监督管理机构规定的其他行为。

四、保险公司的监督管理

保险业的监督管理简称“保险监管”，即国家保险性质管理部门根据有关法律法规规定，对保险业务的经营机构及保险市场尽享的审批、监督、检查的法律调整行为。

保险业的监督管理主要侧重如下两个方面：

①监管保险条款与保险费率；

②监管保险公司的偿付能力。

国务院的保险监管机构对于保险公司主要有以下几个监管职责：

①对保险公司进行整顿；

②对保险公司进行接管；

③撤销保险公司并依照法律进行清算；

④要求保险公司的股东、实际控制人提供相关信息和资料；

⑤对保险公司的股东、董事、监事及高管的监管职责。

具体而言，国务院保险监督管理机构对保险公司的监管工作可以采用如下措施：

①对保险公司、保险代理人、保险经纪人、保险资产管理公司、外国保险机构的代表机构进行现场查勘，但需要由保险监督管理机构的负责人进行审批；

②到违法行为发生的现状进行调查取证。当然，也需要由保险监督管理机构的负责人进行审批；

③询问当事人及与被调查事件相关的单位和个人，要求其对与被调查事件相关的事项作出说明；

④查阅、复制与被调查事件相关的财产权登记等材料；

⑤查阅、复制保险公司、保险代理人、保险资产管理公司、外国保险机构的代表机构及与被调查事件相关的单位与个人的财务会计资料及其他有关文件与资料。对可能被转移、隐匿或毁损的文件与资料予以封存。同样，在实施这些措施前也要有保险监督管理机构负责人的审批；

⑥查询涉嫌违法经营的保险公司、保险代理人、保险经纪人、保险资产管理公司、外国保险机构的代表机构及与涉嫌违法事项有关的单位和个人的银行账户，但要获得国务院保险监督管理机构负责人的批准；

⑦对于有证据证明已经或可能转移、隐匿违法资金等涉案财产或隐匿、伪造、毁损重要证据的，经保险监督管理机构的主要负责人批准，申请人民法院予以冻结或查封。

第四节　保险法相关案例分析

2015年9月1日，某保险公司与某纸业公司签订了一份保险合同。双方约定：①保险公司为纸业公司的100名职工分别办理家庭财产综合保险，保险期限为1年。②纸业公司以保险储金形式支付保险费。③保险公司以固定赔付率对纸业公司承担责任，并在纸业公司向其交足保险储金时，保险公司先行给付纸业公司约定赔付率的赔款，合同期满时，保险公司要将保险储金及剩余赔付率的款项一并返还给纸业公司。

合同签订之后，纸业公司按照约定在保险公司为100名职工家庭办理了财产综合保险投保的手续，同时保险公司向纸业公司签发了保险单，保单的具体内容为：纸业公司是投保人，纸业公司的100人是被保险人，每人的保险费为2 000元，保险费以保险储金形式一次性交付给报销公司20万元，保险期限为1年。自此，保险公司就要以固定的赔付率对纸业公司承担责任，该固定赔付率按照所交保险储金的20%确定，即保险赔款总计为4万元。保险合同签订时，纸业公司按照约定获得保险公司支付的先行赔款5 000元。

合同期满之后，纸业公司要求将保险储金及剩余赔付率的款项一并退还，但保险公司不认为这是保险，只同意返还保险储金减去已支付的赔款的差额部分，双方协商未果，纸业公司向法院起诉了保险公司，并要求退还20万元保险储金并支付3.5万元剩余赔付款。

一审法院经审理后最终认为：保险公司与职业公司之间确定的并不是保险合同关系，而是借贷关系。因为双方保险合同中约定的保险事故不符合法律规定和保险原理。保险以不确定的事故或危险的发生为前提，保险期内无保险事故发生，保险人不承担赔付责任。[1]

案例分析：这是一则有关保险法律关系认定的案例，虽然纸业公司与

[1] 任自力，周雪峰.保险法总论[M].北京：清华大学出版社，2010：8-9.

保险公司在签署合同时就明确了保险人赔付的具体数额，但其与保险基本原理是相悖的，所以这显然是一份无效的保险合同。法院最终的判决应该是：保险公司将纸业公司支付的20万元减去先行支付的5 000元还给纸业公司。[1]

[1] 韩长印.商法教程[M].2版.北京：高等教育出版社，2011：420-421.

第八章　证券法相关理论与应用

证券与证券法在日常生活中十分常见，也是经济生活中的重要财产与工具。本章就对证券法相关理论与应用展开研究。

第一节　证券法律制度

一、证券

（一）证券的定义

从一般意义上说，证券指的是“以特定的专用纸单或电子记录，借助于文字、图形或电子技术，记载并代表特定权力的书面凭证”。[1]

学者施天涛指出，“证券是一种具有一定的票面金额，代表股权、债权或受益索取权的凭证”。

概括来说，证券是持券人拥有某种特定权力的凭证，记载并代表着一定的民事权利。

（二）证券的性质

1. 证券的物质载体

在证券的定义中提到，证券是一种“书面凭证”。但需要注意的是，证券的性质决定了证券的这种书面凭证并不一定是独立的物质载体，证券的书面凭证性质并不是指证券必须以“纸”为载体。

①证券的物质载体为任何可用文字记载民事权利并具有可读性的物质载体。

②证券并不一定是独立的物质载体，只要具有区分特定民事权利及其持有者的集中记账式凭证也可以是证券的物质载体。

2. 证券的法律性

证券具有鲜明的法律性，代表着民事权利的书面凭证。需要指出的是，证券代表民事权利的前提是该民事权利的存在，因此证券还带有证书的功能。也就是说，证券既能证明民事权利也能代表民事权利。

二、证券法

证券法是用来调整因为证券的发行、交易过程而产生的不同社会关系的法律规范，是商法的重要组成部分。需要注意的是，证券法所调整的社会关

[1] 范健，王建文.商法学[M].4版.北京：法律出版社，2015：247.

系具有商事关系的性质，因而证券法应当属于商事法。[1]

（一）证券法的特点

证券法的特点主要表现在以下几个方面：

①证券法由于其调整的社会关系是社会平等主体的财产关系，因此属于私法的范畴，但是证券法中也包含着多种公法的因素；

②证券法是规定市场行为的法律；

③证券法中既有实体法规范，同时也包含着程序法规范。

（二）证券法的原则

证券法的原则是为了保证证券法任务的实现，对证券市场参与者与监管者进行的规范。具体来说，证券法的原则包括以下几个方面。

1. 公开原则

证券法的公开原则是其核心原则，主要指的是信息公开制度。具体来说，公开原则要求证券发行者在证券发行前或发行后根据法定的要求和程序向证券监督管理机构和证券投资者提供规定的能够影响证券价格的信息资料。[2]

在公开原则的带动下，投资者可以对市场进行判断。证券和一般的实物商品有所区别，当投资者不了解其发行者的具体信息时，是无法判断证券的真实价值的。

对于证券发行者来说，如果没有公开原则的约束，就有可能出现投机、行骗、欺诈等行为。

因此，从根本上说，公开原则是为了保护投资者的利益、完善证券投资环境、保持证券市场的稳定。具体来说，公开原则要求企业进行信息公开，

---

[1] 叶林.中国证券法[M].北京：中国审计出版社，1999：59.

[2] 范健.商法[M].4版.北京：高等教育出版社，2011：238.

需要做到信息真实、信息全面、信息及时、信息易得、信息易解。

2. 公平原则

证券法的公平原则指的是证券市场主体应该在活动中保持公平合理，找到参与者各方的权利与利益。这种公平性能够保证证券主体都有平等的投资机会，从而有利于健康的证券环境的营造。

具体来说，公平原则的含义包括以下几个方面：

①证券商事关系主体参加证券市场活动的机会均等；

②证券商事关系主体在权利与义务上对等；

③证券商事关系主体在承担责任上对等；

④证券商事关系的处理者，如仲裁人员、司法人员应该公平进行处理。

公平原则下商事关系的主体应该做到以下几个方面：

①商事活动地位平等；

②商事活动自愿；

③商事活动等价有偿；

④商事活动诚实守信。

3. 公正原则

证券法的公正原则指的是其在立法与具体实施过程中，尤其是证券市场的监管中，应该做到公正，从而及时处理证券市场中的违法犯罪活动，保证投资者的合法权益。公正原则要求证券监管机构及其从业人员要做到反欺诈、反操纵、反内幕交易。

4. 保护原则

证券法的保护原则也是证券法的基本原则之一，主要是对投资者权益的保护。具体来说，这种保护体现在以下两个方面：

①为投资者创造公平、安全、有效率的投资市场环境；

②为投资者制定和实施一定的证券法律制度。

证券市场中投资者的地位决定着保护其权益是证券法的首要原则。这是因为投资者不仅负责证券市场的资金投入，同时其风险也要由投资者承担。只有保护投资者的合法权利，才能提高投资者的投资信息，保证证券市场健康有序地发展。

5. 诚信原则

证券法的诚信原则是对社会关系进行道德调整和法律调整的统一。[1]具体来说，这种统一是法律所追求的价值目标，同时也是法律实施的基本准则。在证券市场中贯彻诚信原则十分有必要，因此证券市场的运作对诚信要求较一般商品市场的要高。加之证券市场带有高收益和高风险，因此其市场信息瞬息万变。在巨大的利益驱使下，很多不法分子会在证券市场进行欺诈行为，从而影响着市场的健康发展。贯彻诚实信用原则需要证券商事主体公平守信，禁止有影响证券交易的行为。

第二节　证券发行制度

在证券市场中，证券发行是极为重要的活动，可以说是证券市场运行的基础。本节对证券发行制度展开分析与论述。

一、证券发行概述

了解证券发行的制度，首先需要从证券发行说起。

（一）证券发行的概念

证券发行指的是证券发行者为了筹集资金或调整股权结构，在法律的规

[1] 王保树.商法[M].2版.北京：北京大学出版社，2014：296.

定下以统一条件向投资者募集资金并出售证券的一系列行为。这种定义是从广义的角度进行概述的，包括了证券发行的几个过程：证券募集、证券分派、缴纳资金、交付证券。

从狭义的角度对证券的概念进行界定，可以将其阐述为“证券发行人在募集证券后，制作并交付证券或以账簿划拨方式交付证券的行为”。❶

需要特别明示的是证券发行的法律性，需要受到多个法律的规范：

①证券发行需要受到公司法、合同法、证券法的规范；

②证券发行过程中，投资者和发行人之间需要在资源的基础上建立合同关系；

③证券发行时要有一系列的核准制度。

（二）证券发行的特点

证券发行的特点主要包括以下几个方面。

1. 证券发行主体必须具备一定的资格

证券发行者指的是以自己的名义向投资者募捐资金并发售证券的主体。发行主体进行证券发行主要可以通过以下两个途径：

①以自己的名义直接发行；

②委托证券公司发行。

需要指出的是，证券发行主体必须具备一定的资格。例如，公司债券的发行人，限于股份有限公司、国有独资公司和两个以上的国有企业或者其他两个以上的国有投资主体投资设立的有限责任公司。❷

对证券发行主体资格的限定是为了保护投资者的权益，从而建立良好的筹资与投资环境，营造健康的证券市场。

2. 证券发行过程带有程序性

证券发行的过程带有程序性，需要按照法律的规定进行申请审核、信息

❶ 范健，王建文.商法学[M].4版.北京：法律出版社，2015：258.

❷ 王保树.商法[M].2版.北京：北京大学出版社，2014：299.

公开、发行实施。例如，发行股票需要向国务院证券监督管理机构进行申报核准。这种程序性的提出也是为了保护投资者的权力，并稳定证券市场的秩序，促进证券发行的合法性与有效性。

3. 证券发行条件须确定同一

证券发行条件须确定同一指的是证券发行人应当对所有的投资者实行同一发行条件，具体包括同一发行价格、同一发行方式、同一发行期限。

（三）证券发行的种类

证券发行根据不同的标准有着不同的分类型式，常见的主要包括以下几种：

①根据发行证券种类的不同，可以将证券分为股票发行、证券发行、基金债券发行；

②根据发行主体的不同，可以将证券分为公司发行、金融机构发行、政府发行；

③根据发行对象范围的不同，可以将证券分为公募发行、私募发行；

④根据发行目的的不同，可以将证券分为设立发行、增资发行；

⑤根据证券发行时间的不同，可以将证券分为初次发行、再次发行；

⑥根据发行是否借助证券中介机构，可以将证券分为直接发行、间接发行；

⑦根据发行价格与证券票面金额或贴现金额的关系，可以将证券分为平价发行、溢价发行、折价发行；

⑧根据发行条件之确定方式不同，可以将证券分为议价发行、招标发行；

⑨根据发行地点的不同，可以将证券分为国内发行、国外发行。

（四）证券发行的程序

证券发行的程序主要包括证券发行准备阶段、证券发行申请审核阶段、证券发行实施阶段。下面就对这三个阶段的具体程序进行总结与分析。

1. 证券发行准备阶段

证券发行准备阶段是后续阶段实施的前提，主要包括以下几个步骤：

（1）做出决议

做出决议指的是按照法律或者一定的章程，对证券发行事宜做出决议。不同的证券种类在决议制订过程中也不尽相同。例如：股份公司募集设立时，需要由发起人制订决议；股份有限公司发行新股，需要董事会制订方案，然后由股东大会决议。

（2）准备文件

准备文件指的是证券发行人按照证券法、公司法、国务院证券监管机构或国务院授权的部门的规定，制作有关证券发行的各种文件。[1]证券发行的文件必须真实、准确，达到不同证券发行机构的要求。

（3）选择承销商

根据《中华人民共和国证券法》（以下简称《证券法》）的相关规定，发行人证券发行需要由证券公司承销的，应该同证券公司签订承销协议。需要注意的是，证券承销商需要选择带有承销业务资格的公司，并通过承销协议明确双方的权利与义务关系。

（4）聘请保荐人

聘请保荐人主要发生在以下几种情况中：

①发行人申请公开发行股票；

②可转换为股票的公司债券；

③依法采取承销方式；

④公开发行法律、行政法规规定实行保荐制度的其他证券。

保荐人应该按照国家规定和业务规范来严格要求自己，对发行人的文件、信息仔细核查，监督发行人的证券运作程序。

2. 证券发行申请审核阶段

证券发行申请审核根据证券不同的种类对审核部门也有不同的要求。具体来说，主要包括股票发行的申请与核准以及公司债券发行的申请与审批。

---

❶ 王保树.商法[M].2版.北京：北京大学出版社，2014：304.

①股票发行的申请与核准需要在法律的规定下，向国务院证券监督管理机构报送募股申请。

②公司债券发行时需要满足一定的条件，同时还需要经由国务院授权的部门对其发行进行申请与核准。

当国务院证券监管机构或国务院授权的部门在证券审核阶段，发现发行过程存在不符合法定条件和程序的，会进行核准的撤销。撤销主要包括以下两种情况：

①尚未发行的证券，应该撤销发行核准决定，并停止发行证券；

②已经发行但是未上市的证券，应该由相关部门撤销核准决定，发行人应该收回已发行的证券，按照发行价加上银行同期存款利益，将款项返还证券持有人。

3. 证券发行实施阶段

证券发行实施阶段主要包括以下几个方面：

①发行信息公开。证券的发行应该按照有关规定，对证券相关信息进行公开。这种公开主要以公务招股说明书和公司债券募集办法的形式进行，同时证券发行人还需要将这些信息形成文件供公众查阅。需要注意的是，证券信息公开之前，知情人不能透露信息，同时发行人也不能在信息发布前发行证券。

②证券已经批准并公开了发行信息后，发行人便可以进行证券的发行。一般来说，我国证券市场上证券发行的方法主要包括上网定价发行、全额预缴款发行、与储蓄存储挂钩发行。

二、证券发行制度

（一）证券发行保荐制度

证券发行保荐制度指的是证券发行人申请证券上市交易，需要聘请保荐人为其出具保荐意见，证明其发行信息的真实、完整、准确。

证券发行保荐制度需要发行人和保荐人共同承担风险。这种制度的出现是为了充分利用中介机构的地位、声誉、职业水平，从而提升证券发行的质量，营造良好的证券市场。

证券发行保荐制度主要适用于以下两种情况：

①公开发行股票；

②公开发行法律、行政法规规定实行保荐制度的其他证券形式。

（二）证券发行注册制度

证券发行注册制度指的是法律不限定证券发行的实质条件，发行人只要依法公开相关信息，并向监管机构进行申报注册即可发行的证券。

证券发行注册制度主要是为了进行形式管理，对证券市场和投资者的素质有着较高的要求，其特点主要包括以下几个方面：

①证券发行人需要依法公开信息；

②注册制对证券发行人不作形式上的限制，赋予证券发行人同等的筹资机会，从而体现出了市场主体平等的筹资机会；

③注册制下的证券的发行价值与投资价值，需要投资者进行自主判断，体现出了市场配置资源的特点；

④证券发行注册制度能够降低证券市场的管理成本和交易成本。

（三）证券发行审核制度

证券发行审核指的是按照法律固定的证券发行条件，发行人将发行的相关文件向证券监管部门申报，当申报被确认后，发行人才可以公开发行证券。

与证券发行注册制度相比，证券发行审核制度是在信息公开的基础上增加了发行实质条件的限定。证券发行审核制度有利于证券发行信息的公开，同时由于对发行实质条件的限定，因此在一定程度上降低了投资者的投资风险。

但是从相反的层面看，发行实质条件并不能和证券的投资价值等值，因此有可能会限制新兴行业的发展。加之发行条件是随着经营状况不断变化的，因此审核时的条件也不能永远保证证券的现实价值。有些投资者盲目相信审批制度，因此弱化了自身的风险意识，不利于证券投资者投资理性的提高。

（四）证券发行审批制度

证券发行审批制度指的是发行人按照法律规定证券发行的实质条件，向相关证券主管机关申报，然后证券主管机关根据法律规定以及内部所掌握的政策与计划，决定发行人是否可以发行证券。

证券发行审批制度在证券市场发展初期能够起到规范市场的作用，有利于建立良好的证券市场秩序。但是随着我国证券市场的发展，这种制度已经彻底取消。

第三节　证券交易制度

证券交易指的是证券在依法发行之后，持券人进行的证券转让行为。本节对证券交易制度进行研究。

一、证券交易的意义

证券交易中的投资者处于相互购买或变现已经持有的证券的资本交换关系中，证券的价格会根据证券市场行情的变化而变化，投资者需要对证券价值进行判断，是一种证券市场的持续交易行为。

在进行证券交易过程中，应该秉承着合法原则、限制交易原则、法定场所交易原则和法定交易方式原则[1]，从而保证交易的顺利进行。

证券交易具有十分重要的经济意义，主要体现在以下几个方面：

①证券交易是获得经济效益的重要方式；

②证券交易是一种变现行为，也是一种投资转移行为；

③通过反复交易证券，能够形成证券的市场价格，从而促进投资者转移投资；

④证券交易活动体现了证券市场的资源配置功能；

⑤证券交易能够在一定程度上体现国民经济的运行情况，也是国家经济政策制定的重要依据。

二、证券交易的方式

（一）集中竞价

集中竞价主要包括集合竞价和连续竞价两种方式。

1. 集合竞价

集合竞价对所有有效委托进行集中处理，主要是对同一段时间内接受的买卖申报一次性集中撮合的竞价方式。[2]集合竞价又可以分为开盘集合竞价与收盘集合竞价两种类型。

2. 连续竞价

连续竞价指的是对买卖申报逐笔连续撮合的竞价方式，开盘集合竞价期间没有成交的买卖申报，会自动进入连续竞价的模式。连续竞价期间没有成交的买卖申报，会自动进入收盘集合竞价。

---

❶ 王卫国.商法[M].2版.北京：中央广播电视大学出版社，2008：284.

❷ 范健，王建文.商法学[M].4版.北京：法律出版社，2015：275.

（二）协议转让

协议转让指的是一种协商交易和私下谈判交易。采用这种转让方式的证券交易一般不借助证券集中竞价交易系统。

（三）大宗交易

大宗交易指的是证券单笔买卖申报达到交易所规定的数额规模时，交易所通常采用的交易方式。

大宗交易一般以协商一致作为交易达成的手段，一般不按照价格优先、时间有限的方式进行。

（四）回购交易

回购交易指的证券买卖双方在买卖成交同时，约定时间、价格在未来的某一天进行反向成交的交易方式。

这种交易方式是以证券作为质物进行的资金融通业务，在回购交易时一般不用申报账号，同时，成交后的资金结算和政权管理均直接在证券经营机构申报的自营账户内自动进行。[1]

三、证券交易的程序

证券交易的程序主要包括开户、委托、成交、清算交收几个阶段。

[1] 范健，王建文.商法学[M].4版.北京：法律出版社，2015：276.

（一）开户

由于我国目前的证券交易采取的是会员制，因此想要进行证券交易必须委托作为证券交易所会员的证券公司代为买卖。证券公司办理经纪业务，为客户开立证券账户与资金账户。

当投资者开立账户之后便成为证券公司的客户。从事证券经纪业务，证券公司需要和投资者签订证券受托买卖协议。

（二）委托

委托指的是投资者在开户后，决定买卖证券，从而委托其开户的证券公司代其买卖证券。一般来说，委托的方式包括：当面委托、电话证券、电报委托、传真委托、信函委托、电脑终端自助委托。

委托就是一种证券买卖指令，其内容主要包括以下几种：

①证券的名称；

②证券买进或卖出的数量；

③出价方式与价格幅度；

④委托的有效期限。

（三）成交

证券成交主要包括以下两个标准：

①价格优先。在证券买进过程中，出价高者优先成交。在证券卖出过程中，出价较低者优先成交；

②时间优先。当证券买卖过程中出价相同时，先出价的会优先成交。

（四）清算交收

清算交收指的是买卖成交后，证券买卖双方对其交易结果进行清算，卖方交付证券，买方交付资金。

四、证券交易的制度

证券交易的制度主要包括证券上市制度以及信息披露制度，下面分别进行分析。

（一）证券上市制度

证券上市指的是经由证券交易所审核，公开发行的证券在证券交易所挂牌交易。

一般来说，证券上市主要包括股票上市和公司债券上市。证券上市表明公开发行的证券进入集中交际市场，能够为证券发行者带来更多的投资，同时也有利于提高企业的知名度，对于社会的监督也有一定的提高效果。对于投资者来说，证券上市提高了证券的流通性与变现性，既有利于投资利益的实现，也便于投资者对证券市场不同证券的选择。

证券上市时需要具备一定的上市条件。上市条件的出现有利于证券交易所对上市公司的选择，同时也有利于公开发行股票公司提高经营水平和经营状况。证券上市的程序主要包括以下几种：

①证券发行人向证券交易所提出上市申请；

②订立上市协议；

③发布上市公告；

④进行上市交易。

在证券上市交易之后，如果触犯了相关规定，则可能出现证券上市暂停和上市终止的情况。公司证券上市终止的事由包括以下几个方面：

①公司出现重大违法行为；

②公司未按照债券募集办法履行义务，经查实后果严重；

③公司发生重大变化不再符合公司债券上市条件；

④公司连续两年亏损，在限期内未消除；

⑤公司宣告解散或破产。

（二）信息披露制度

信息披露制度主要针对信息的公开，指的是公开发行证券的公司在证券发行与交易的不同环节，依法披露有关信息，从而作为投资者进行证券交易的依据。在现代证券市场中，对公开发行证券的公司进行信息披露是一种核心制度，有利于证券市场发行、流通的健康发展，体现了证券法公开的原则，是证券市场的灵魂。

1. 信息披露制度的分类

信息披露制度根据不同的分类标准有着不同的分类形式。

①按照信息披露时间与目的的不同，可以将信息披露分为以下两种：

a. 发行信息披露，这种披露方式主要针对证券发行过程中进行的信息公开与监督；

b. 持续信息披露，这种披露方式针对的是证券进入交易所上市交易后，证券发行人依法向社会投资者披露对投资者决策有重大影响的信息。

持续信息披露是发行信息披露的继续，二者相互联系又彼此独立，都需要遵循信息公司的基本要求。

②按照披露内容的不同，可以将信息披露制度分为描述性信息披露、评价性信息披露、预测性信息披露。此外，信息披露还可以按照不同的分类标准进行，如信息披露主体及证券种类不同、信息披露是不是强制性规定、信息披露文件的名称和记载事项。

2. 信息披露制度的作用

信息披露是信息市场的基石，其作用主要表现在以下几个方面：

①信息披露有利于证券市场上发行与交易价格的合理形成；

②信息披露有利于维护广大投资者的利益；

③信息披露有利于促进证券发行公司改善经营管理；

④信息披露有利于证券监管。

3. 信息披露制度的要求

信息披露制度的基本要求主要包括以下几个方面：

（1）真实性

信息披露制度的真实性是最根本、最重要的要求，体现了信息披露对投资者权利的维护，是信息披露制度发挥其功能的根本前提。信息披露的真实习惯要求所披露的信息必须带有客观性、一致性与规范性，不能存在虚假陈述，应该以客观事实作为投资信息。为了提升信息披露的真实性要求，不同国家纷纷以法律强制性作为信息披露的保证。在证券市场中，强制性的信息披露制度主要指的是证券监管机构对证券发行进行的资料审核以及发现不真实信息时进行的法律监管制度。

（2）准确性

信息披露制度要求信息披露人需要使用精确的表达方式表明其信息含义，不能存在误导性的陈述方式，也就是说信息披露过程中不能存在多解性的言辞与非显见性的表达。

（3）完整性

信息披露的完整性要求所有可能影响证券投资者投资行为的信息都能够进行披露，并且信息要全面、完整，不能有所侧重，或者存在故意隐瞒或遗漏的行为。需要注意的是，信息披露的完整性不代表需要事无巨细地披露所有的商业信息。一些法定的信息可以不予披露或者保密性地披露。

（4）及时性

信息披露的及时性指的是证券发行人需要在合理的时间内迅速披露应该公开的信息，不能存在延迟的现象。这种信息披露的及时性带有持续性，应该保证投资者获得及时、最新的投资信息。

4. 信息披露制度的方式

信息披露的方式主要包括定期报告和临时报告两种。

（1）定期报告

定期报告指的是上市公司和公司债券上市交易公司在法定期限内对公司文件进行制作并公布的方式。具体来说，定期报告又可以分为年度报告、半年度报告、季度报告。

（2）临时报告

临时报告主要针对的是重大事件进行的报告。其中，重大事件主要指的是对上市公司股票交易价格影响较大的事件。如果投资者不了解这些事件可能会对自身投资有重要影响。

第四节　证券法相关案例分析

案例：天元股份有限公司现有净资产额2 900万元。为了扩大生产规模，计划向社会发行企业债券1 500万元。公司工作人员按照董事长的要求，准备了有关文件，并请公司的法律顾问进行审查。假设你作为天元公司的法律顾问，受托对该公司发行债券前的工作进行审查：

①天元股份有限公司为发行债券准备好的送批文件：公司章程、公司董事会名单、公司登记证明、公司资产评估和验资报告、公司近三年经营状况分析报告、公司债券募集办法。依照我国《公司法》的规定，请协助天元公司选择准备必须送批的文件。

②董事长问公司经理："公司债券票面上要载明哪些内容，还需要我签字吗？"经理回答："我问过一个朋友，他们公司发行债券时，债券上主要写了：公司的住所、公司债券发行的日期和编号，还本期限和方式、公司的印记和法定代表人的签章、审批机关批准发行的文号和日期。"作为公司的法律顾问，请根据有关法规规定告知董事长，该公司发行债券时，债券票面上还应载明哪些内容？

③对天元公司的申请，国务院证券管理部门能否批准？为什么？

分析：

①天元公司应该准备送批的文件包括以下几种：

a. 公司登记证明；

b. 公司章程；

c. 公司债券募集办法；

d. 资产评估报告和验资报告。

②债券票面上还应载明的内容包括：

a. 公司的名称；

b. 公司债券的面额；

c. 公司债券的利率和利息的支付方式。

③对天元公司的申请，国务院证券管理部门不能批准。因为发行债券的股份公司的净资产额最低必须达到3 000万元，债券总额不得超过净资产额的40%。

第九章　对外贸易管理法相关理论与应用

随着经济全球化的发展和深入，对外贸易成为推动我国经济发展的重要动力。为了对对外贸易进行管理，维护对外贸易市场秩序，促进对外贸易发展，需要制定一系列科学有效的对外贸易管理法，并根据不断变化的环境进行调整和更新。

第一节　对外贸易法概述

1994年5月12日，《中华人民共和国对外贸易法》（以下简称《对外贸易法》）颁布，2004年4月6日，第十届全国人民代表大会常务委员会第八次会议对其进行修订，并于同年7月1日起正式施行。《对外贸易法》是我国对外贸易关系进行调整的基本法律，本节就对其进行介绍。

一、对外贸易

对外贸易是指一个国家或地区与其他国家或地区进行商品或服务交换的活动。《对外贸易法》主要针对货物进出口、技术进出口和国际服务贸易三个方面进行规定。世界各国的对外贸易总和即构成了国际贸易，这表现为货物、技术、服务在国家间进行交换流动。对外贸易立足于一国范围，而国际贸易立足于国家间的双边或多边关系，所以对外贸易与国际贸易是不同的概念，它们不可以进行随意替代。

根据不同分类标准，对外贸易可以进行不同分类。根据贸易的对象，可以分为货物贸易、技术贸易和服务贸易；根据贸易的性质，可以分为进口贸易、出口贸易和过境贸易；根据贸易的清偿工具，可以分为自由结汇贸易和易货贸易。

二、对外贸易法

对外贸易是一国国民经济活动的重要组成部分，它与国内产品的生产和销售、外汇收支的平衡、其他国家经济力量对本国经济发展的影响都具有很大关系。随着经济全球化的不断发展和加深，越来越多的国家开始加强对对外贸易的管理，进一步加强对外贸易法律的调整，以此推广和执行对外贸易政策，维护其对外贸易秩序。对外贸易法是确认对外贸易主管机关和对外贸易经营者的法律地位，调整它们之间形成的对外贸易关系的法律规范的总称。从法律渊源角度来看，按照制定机关的不同可以将我国的对外贸易法分为两类。第一类为国内立法，是国内制定的与对外贸易相关的法律法规，如《对外贸易法》以及依据该法制定的、规范对外贸易及其管理活动的行政法规、地方性法规和规章等相关立法；第二类为我国参加或承认的有关国际贸易的国际公约、国际条约以及国际惯例，这是国家间有关国际贸易方面的多边条约，如《联合国国际货物销售合同公约》等。

我国用于调整对外贸易关系的基本法律是《对外贸易法》。加入世界贸易组织（WTO）后，为我国发展对外贸易带来了全新的机遇，为了能够更好地适应全新的贸易环境，《对外贸易法》中的一些内容和规定需要进行一定调整和修改。2004年4月6日，第十届全国人民代表大会常务委员会第八次会议对《对外贸易法》进行了修订，并于同年7月1日起开始施行。这次修订的内容主要可以总结为以下三方面：

第一，对我国《对外贸易法》中与我国入世承诺以及WTO规则不符合的内容进行修改；

第二，按照我国入世承诺以及WTO规则，增加关于享受WTO成员权利的实施机制和程序的规定；

第三，对不适应新环境的内容和规定进行修改。《对外贸易法》可以促进我国对外贸易进一步发展，维护我国对外贸易秩序，并对国家对外贸易管理活动的经济法律进行规范。

《对外贸易法》是我国对外贸易管理的基本法律，以法律的形式固定我国对外贸易政策，促进我国国民经济的健康、稳定、协调发展。近年来，根据《对外贸易法》和《中国加入世贸组织议定书》，国务院先后制定了《中华人民共和国货物进出口管理条例》《中华人民共和国技术进出口管理条例》《中华人民共和国反倾销条例》《中华人民共和国反补贴条例》《中华人民共和国保障措施条例》等一系列行政法规，其他相关部门也制定了一系列相关的配套行政规章，按照国务院的统一规定，对原有的涉外经济活动规章进行了清理，对那些不能适应世界贸易组织规则的规章制度进行了修订和废止。随着国家的重视和努力，我国对外贸易法律制度已经日趋完善。

三、对外贸易法的适用范围

（一）对外贸易法在时间上的适用范围

对外贸易法在时间上的适用范围是指其在时间上的效力，其中包括法律开始生效的时间、终止生效的时间以及法律的溯及力。我国《对外贸易法》规定："本法自2004年7月1日起施行。"这就体现了法律开始生效的时间。

从理论层面来说，法律一般并不具有溯及力。我国《对外贸易法》第七十条规定："本法自2004年7月1日起施行"，这并没有特别提及该法在时间上是否具有溯及力的问题，所以该法对于施行前发生的行为并不具有法律拘束力。对于此前发生的对外贸易事项，需要按照时间依据相关规定进行处理。

（二）对外贸易法在空间上的适用范围

法律在空间上的适用范围是指法律生效的地域（包括领海、领空）范围。一般情况下，全国性法律的适用范围为全国，但有特别规定其适用于或不适用于某些地区的情况除外。我国《对外贸易法》是一部全国性法律，但其第六十九条规定："中华人民共和国的单独关税区不适用本法。"根据我国相关法律以及实际情况，制定了这条规定。根据全国人民代表大会制定的《中华人民共和国香港特别行政区基本法》《中华人民共和国澳门特别行政区基本法》的规定，香港和澳门是中华人民共和国的单独关税区，单独关税区实行自由贸易政策，以此保证货物、无形财产和资本可以进行自由流动，并且在经济、贸易、金融、航运、旅游、科技、体育等领域，可以使用"中国香港"或"中国澳门"的名义，单独与世界其他国家、地区和相关国际组织建立和发展关系，并且可以签订和履行有关协议。所以，我国《对外贸易法》的空间适用范围仅限于中国内地。

（三）对外贸易法对于人的适用范围

法律对人的效力是指法律对人的适用范围以及约束范围。我国《对外贸易法》对人的适用范围包括与中国对外经济贸易和与对外贸易有关的知识产权保护有关的一切主体。与我国对外经济贸易有关的部分，是指关于我国货物、技术、服务的进出口的部分。我国对外经济贸易有关的主体大致上可以划分为两类：一类是负责对我国对外贸易相关方面进行管理工作的机关；另一类是在我国境内，从事对外贸易业务的外贸经营商。其中，对外贸易经营商是指由相关部门批准、获得在我国境内从事对外贸易经营活动资格的法人、其他组织或者个人。

四、对外贸易法在我国市场经济中的作用

对外贸易管理是国家市场规制体系的重要组成部分。对外贸易法律制度是国家进行对外贸易管理的法律保障和手段，它可以维护对外贸易的秩序，促进对外贸易平稳发展，促进对外贸易体制改革，促进我国社会主义市场经济进一步发展。

我国《对外贸易法》推动我国对外贸易发展，是我国成为世界贸易大国的保障。改革开放以来，我国的对外贸易发展迅猛。1978年，我国进出口额仅为206亿美元左右，居于世界贸易排名第29位；2015年，我国进出口额达到约3.95万亿美元，稳居世界第一。2015年年末，我国的外汇储备达到约3.33万亿美元。对于我国的对外贸易发展，对外贸易法律制度起到了十分重要的推动作用。我国外贸法律制度越来越科学、合理、系统，尤其在加入WTO后，我国更加重视对外贸法律制度的建设和完善。

可以看出，《对外贸易法》是我国重要的法律制度，它可以推动我国扩大对外开放，进一步发展对外贸易，维护对外贸易秩序，保护对外贸易经营者的合法权益，促进社会主义市场经济的健康平稳。

第二节　货物进出口与技术进出口法律制度

货物进出口和技术进出口是进出口贸易的两个部分，二者的法律制度规定有相同之处，但根据两种贸易的不同在法律规定上也有不同的规定。

一、一般原则与例外规定

我国《对外贸易法》规定，准许货物和技术进行自由的进出口活动，但法律、行政法规另有规定的除外。根据相关法律规定，国家限制或者禁止有关货物、技术的进口或出口的原因如下：

第一，为了维护国家安全、社会公共利益或者公共道德，可以对相关货物或技术的进出口进行限制或者禁止；

第二，为了保证人类的健康和安全、保证动植物的生活和健康、保护环境，保护人的健康或者安全，需要限制或者禁止进口或者出口的；

第三，为实施关于黄金或白银进出口的措施，需要限制或者禁止进口或者出口的；

第四，国内存在供应短缺情况，或者为了对稀缺自然资源进行有效保护，需要限制或者禁止出口的；

第五，输往国家或地区存在市场容量有限的情况，需要限制出口的；

第六，出口经营秩序出现严重混乱，需要限制出口的；

第七，为了建立或推进加速发展的国内特定产业，需要限制进口的；

第八，对任何形式的农业、牧业、渔业产品有必要限制进口的；

第九，为保障国家国际金融地位和国际收支平衡，需要限制进口的；

第十，按照相关法律法规规定，需要限制或者禁止进口或出口的；

第十一，根据我国缔结或者参加的国际条约、协定的规定，其他需要限制或者禁止进口或者出口的。

对于与裂变、聚变物质或者衍生此类物质的物质有关的货物、技术进出口，以及与武器、弹药或者其他军用物资有关的进出口，国家可以采取任何必要手段，以确保国家安全。

国务院对外贸易主管部门与国务院其他有关部门，按照《对外贸易法》中的相关规定，制定、调整并公布限制或者禁止进出口的货物、技术目录。国务院对外贸易主管部门或者由其会同国务院其他有关部门，经过国务院批准，可以在《对外贸易法》第十六条和第十七条规定的范围内，临时对以上目录内容以外的特定货物、技术的进口或出口进行限制或禁止。

对野生动物、植物及其产品和文物等，其他法律、行政法规对此有禁止或者限制进出口规定的，依照相关规定执行。与军品、裂变和聚变物质或者衍生此类物质的有关物质的对外贸易管理以及文化产品的进出口管理，法律、行政法规另有规定的，依照相关规定执行。

二、贸易监测与贸易限制管理

（一）自动许可和合同登记制度

国务院对外贸易主管部门利用自动许可和合同登记制度，对一部分自由进出口的货物和技术进行贸易监测管理，是国家行使对外贸易管理职能的体现。

对自由进出口的货物进行自动许可管理，对自由进出口的技术进行合同登记管理，可以帮助有关部门对国家进出口情况进行有效监控，收集和统计进出口信息，建立进出口信息管理制度，将此作为依据对货物和技术的进出口进行科学的评估，并提供相应的建议。

《中国加入工作组报告书》中作出过承诺，自加入WTO起，中国将调整自动许可制使其符合WTO的《进口许可程序协定》的规定。自动许可只是一种进出口备案，目的在于对进出口情况进行监测。所以，在对《对外贸易法》进行修订时，基于监测进出口情况进行了内容的补充，对一些自由进出口的货物实行进出口自动许可管理的内容。

1. 关于部分自由进出口的货物的自动许可

《对外贸易法》中规定，根据监测进出口情况的需要，国务院对外贸易主管部门可以对部分自由进出口的货物实行进出口自动许可并公布其目录。实行自动许可的进出口货物，收货人、发货人在办理海关报关手续前进行自动许可提前申请的，国务院对外贸易主管部门或者其委托的机构应该允许通过；对于未进行自动许可申请的，海关不予放行。

我国现行法律、法规中，有关自动进口许可的具体内容主要集中在《中华人民共和国货物进出口管理条例》和《货物自动进口许可管理办法》中。这些文件中对自动进出口许可的规定基本上与WTO的《进口许可程序协定》一致。这些规定的主要相关内容如下：

第一，根据货物进口监测情况的需要，国务院对外贸易及相关经济管理部门可以按照规定的职责，对一些属于自由进口的货物实行自动进口许可管理；

第二，实行自动进口许可管理的货物目录，必须至少在目录实施前的21天进行公布；

第三，进口属于自动进口许可管理的货物，均应当给予许可；

第四，开展属于自动进口许可管理的货物的进口活动时，进口者需要在办理海关报关手续前，向国务院对外贸易主管部门或相关经济管理部门提交其自动进口许可申请；

第五，国务院对外贸主管部门或相关经济管理部门在确实收到自动进口许可申请后，应该立刻发放自动进口许可证明，如有特殊情况，自动进口许可证明的发放时间最长不得超过10天；

第六，进口经营者要凭借国务院对外贸易主管部门或相关经济管理部门发放的自动进口许可证明，在海关办理相关报关检验放行手续。

《货物自动进口许可管理办法》规定，进口经营者在申请自动进口许可证时，需要提交一些文件和材料，其中包括：自动进口许可证申请表、货物进口合同、行政主管机关核准经营范围的法定文件复印件、委托代理进口的货物需提交委托人与进口经营者签订的代理进口合同、对进口货物用途或最终用户有特定规定的货物需要提交可以证明其用途或最终用户符合国家规定的材料、其他主管部门要求提供的相关材料。

符合国家关于从事自动许可货物进口经营法律法规的相关要求的进口经营者，都可以申请并获得自动进口许可证。对于国家指定经营管理的货物，需要国家指定的经营企业才可以申请和获得自动进口许可证；非指定经营企业如有指定经营管理货物进口的需求，需要委托指定经营企业代理进行货物进口，由该代理指定经营企业进行自动进口许可证的申请。对以指定经营管理中有关例外规定的方式进口指定经营管理货物的，进口经营者可直接向相关管理部门申请自动进口许可证。属于国有贸易管理的货物，国有贸易企业和非国有贸易企业均需要按照国家相关的管理规定申请和获取自动进口许可证。根据相关法律法规和国家产业政策，对进口货物用途或用户有特定规定的，要按照特别规定要求进行自动进口许可证的申请。加工贸易方式，货样、广告品进口，国家法律法规规定免领自动进口许可证的其他贸易方式免领自动进口许可证。对临时禁止进口或进口数量有所限制的自动进口许可管理货物，自临时措施生效之日起，不再签发自动进口许可证。

《自动进口许可证》实行“一批一证”制，这是指同一份自动进口许可证只可以进行同一批次报关，不可以分批累计使用。自动进口许可证有效期为6个月，若需要进行延期或者变更，需要撤销原有许可证重新进行办理。

2. 自由进出口技术的合同备案登记

国务院对外贸易主管部门通过自由进出口技术的合同备案登记，对技术进出口进行科学有效的检测。对属于自由进出口的技术，合同按照法律规定成立时生效，不将登记作为合同生效的条件。可以看出，合同登记管理制度的主要作用是进行技术进出口的备案，不是一种用于实质性审查的制度，也不直接影响自由进出口的技术合同的生效。

我国现行法律、法规有关自动进口许可的规定主要通过《对外贸易法》《中华人民共和国技术进出口管理条例》体现。《对外贸易法》第十五条规定，属于自由进出口的技术，需要向国务院对外贸易主管部门或其委托的机构办理合同备案登记。

《技术进出口管理条例》第十七条规定，我国规定可以进行自由进口的技术，需要到相关部门进行合同登记管理。对于这类技术，合同的登记并不会影响合同的生效，合同在按照相关法律法规成立时便即刻生效。这类技术的进口需要到国务院的对外贸易主管部门进行进口登记，按照相关规定提交合同登记申请书、技术进口合同副本、证明签约双方法律地位的证明文件。我国对外贸易主管部门在收到进口经营商提供的规定文件后，应该在3个工作日内进行技术进口合同登记，并向其颁发技术进口合同登记证。进口经营者凭技术进口许可证或技术进口合同登记证，办理外汇、税务、海关等一系列有关手续。

根据《技术进出口合同登记管理办法》的规定，技术进出口合同包括专利权转让合同、技术秘密许可合同、专利申请权转让合同、技术服务合同、专利实施许可合同和含有技术进出口的其他合同。国务院对外贸易主管部门对这些技术进出口合同进行登记管理，目前实行的是网上在线登记管理。

重大项目的技术进口合同由商务部负责登记管理。重大项目是指项目资金来源中含有国家财政预算资金、外国政府贷款、国际金融组织贷款的项目；国务院立项批准的项目。各省、自治区、直辖市和计划单列市外经贸委（厅、局）（以下简称“地方对外贸易主管部门”）负责对重大项目以外的自由进出口技术合同进行登记管理。地方对外贸易主管部门也负责中央管理企业的自由进出口技术合同的登记管理。

地方对外贸易主管部门可授权下一级对外贸易主管部门对自由进出口技术合同进行登记管理。技术进出口经营者应该在合同生效后，到中国国际电子商务网上进行合同登记，并将技术出口合同登记申请书、技术出口合同副本、证明签约双方法律地位的证明文件提交到地方对外贸易主管部门或其授权机构，办理技术进出口合同的登记手续。地方对外贸易主管部门或其授权机构在收到技术进出口经营者提交的文件后，3个工作日内完成对合同登记内容的核对工作，并向经营者颁发技术进口合同登记证或技术出口合同登记证。

自由进出口技术合同登记的主要内容包括：合同号、合同名称、技术供方、技术受方、技术使用方、合同概况、合同金额、支付方式、结汇方式、信贷方式。

（二）配额、许可证等管理方式

配额和许可证是一种用于控制进出口商品数量的重要的非关税贸易管理手段，可以帮助相关管理部门有效地控制货物和技术的进出口。根据《中华人民共和国加入WTO议定书》第七条非关税措施的有关规定，中国应执行附件3包含的非关税措施取消时间表，包括配额和许可证管理，在附件3中所列期限内，对该附件中所列措施所提供的保护在规模、范围或期限方面不得增加或扩大，且不得实施任何新的措施，除非符合《WTO协定》的规定。

配额包括进口配额与出口配额。进口配额又称进口限额制，指一个国家在一段时间内，对某些商品的进口数量或金额进行直接限制。在规定的时间内，商品只可以在配额范围内进行进口，超过范围则不予进口。进口配额是一种国际贸易中实行数量限制的重要手段，该措施的实施目的是保护国内某些商品不受相关进口产品的影响。进口配额主要分为绝对配额和关税配额。要通过国家颁发的进口许可证，对进口配额进行有效管理。

根据《对外贸易法》的规定，我国对限制进口或出口的货物，采取配额、许可证等方式进行限制管理；对限制进口或出口的技术，采取许可证方式管理。实行配额、许可证管理的货物和技术，需要按照国务院规定通过国务院对外贸易主管部门或通过其会同其他相关经济管理部门的许可，才被允许进行进口或出口。国家对部分进口货物可以实行关税配额管理。国务院对外贸易主管部门或其他相关经济管理部门，在其职责范围内规定进出口货物配额、关税配额，进行配额的分配需要遵循公平、公正、公开和效益的基本原则。进出口货物配额、关税配额的具体规定办法由国务院进行规定。

（三）原产地管理

原产地管理是指通过货物原产地的具体判定标准予以确定、审批、办理进出口货物原产地证书和原产地标识的管理行为。在国际贸易中，根据原产地原则确定进出口货物或服务的一系列标准，也就是确定其“经济国籍”的一系列标准。

国务院规定对进出口货物进行原产地管理的具体办法。原产地规则涉及很多方面的内容，包括最惠国待遇、保障措施、反倾销和反补贴、自由贸易与关税同盟、关税减让和发展中国家普惠制等。WTO将原产地原则扩展至服务贸易领域，进一步凸显了原产地规则的重要性。为了适应加入WTO后的新环境，我国《对外贸易法》也相应增加了对进出口货物进行原产地管理的内容。2004年8月18日，国务院第61次常务会议通过《中华人民共和国进出口货物原产地条例》(以下简称《进出口货物原产地条例》)，并于2005年1月1日起正式施行，这一条例可以更加准确地明确进出口货物的原产地，实施各种有效的贸易措施手段，进一步促进对外贸易发展，其包含以下主要内容：

1.适用范围

《进出口货物原产地条例》适用于实施最惠国待遇、反倾销和反补贴、国别数量限制、原产地标记管理、保障措施、关税配额等非优惠性贸易措施，以及进行政府采购、贸易统计等活动对进出口货物原产地的确定。需要注意的是，《进出口货物原产地条例》不适用于实施优惠性贸易措施对进出口货物原产地的确定。

2. 原产地确定标准

货物完全在一个国家或地区生产或获得，将该国或地区确定为其原产地；货物经过两个以上国家或地区参与生产的，将最后完成实质性改变的国家或地区确定为其原产地。货物生产过程中使用的厂房、设备和工具的原产地，以及不是构成货物物质成分的材料或未组成货物部件的材料的原产地，都不会影响该货物原产地的确定。在《中华人民共和国进出口税则》（以下简称《进出口税则》）中货物的容器、包装、包装材料与该货物一并归类的，这些物件的原产地同样不影响该货物原产地的确定；对于货物的容器、包装、包装材料的原产地不进行单独确定。在《进出口税则》中货物的容器、包装、包装材料与该货物不一并归类的，按照条例的规定对这些东西进行原产地的确定。

3. 进口货物原产地管理

进口货物的收货人需要按照《中华人民共和国海关法》及相关规定到海关申报办理进口货物的相关手续，办理手续时需要将按照《进出口货物原产地条例》确定的原产地进行上报；若同一批货物的原产地不统一，需要进行原产地的分别申报。在进口货物进口前，进口货物的收货人或其他直接相关者，如果有正当理由，可以通过书面申请请求海关对将要进口的货物的原产地做出预确定决定；申请人需要按照相关规定的要求，向海关提供货物的原产地证明资料。海关在收到申请人提交的原产地预确定书面申请及全部必要资料之日起150天内，按照《进出口货物原产地条例》的规定对该进口货物做出原产地预确定决定，并对外公布。对于已做出原产地预确定决定的货物，自预确定决定做出之日起3年内进行实际进口时，若海关审核确定实际进口的货物与之前预确定决定货物相符，并且本条例相关的原产地确定规则没有发生改变的，海关将不再重新对该实际进口货物的原产地进行确定；若海关审核后发现实际进口的货物与预确定决定的货物并不相符的，海关应按照应本条例的相关规定对实际进口货物的原产地进行重新审核确定。

4. 出口货物原产地管理

出口货物发货人可以向国家市场监督管理总局所属的各地出入境检验检

疫机构、中国国际贸易促进委员会及其地方分会（以下简称“签证机构”），申请领取出口货物原产地证书。出口货物发货人需要按照规定在签证机构办理注册登记手续，并将其出口货物的原产地如实上报，按照签证机构的要求提供一切所需的资料，进行出口货物原产地证书的申领。签证机构收到出口货物发货人的申请后，需要按照具体规定对出口货物原产地进行审查确定，并向申请人签发出口货物原产地证书；对于原产地不属于中华人民共和国境内的出口货物，签证机构应当拒绝签发出口货物原产地证书。国家市场监督管理总局会同国务院其他有关部门、机构，制定出口货物原产地证书签发管理的具体办法。如果出口货物进口国家或地区向相关机构提出请求，海关、签证机构可以按照本条例的规定对出口货物的原产地进行检查核实，并将核查结果及时反馈给进口国家或地区有关机构。

（四）商品合格评定制度

国家实行统一的商品合格评定制度，根据有关法律、行政法规的规定，对进出口商品进行认证、检验、检疫。合格评定是指通过直接或间接的方式，对有关产品是否符合技术法规或标准中的要求开展的活动。《对外贸易法》规定，我国实行统一的商品合格评定制度，按照相关法律法规的规定对进出口商品开展认证、检验、检疫。目前，我国关于进出口产品的合格评定法律法规主要有《中华人民共和国进出口商品检验法》《中华人民共和国进出境动植物检疫法》《中华人民共和国认证认可条例》等。

第三节 国际服务贸易管理制度

随着经济全球化的发展和深入，国际服务贸易高速发展。我国《对外贸易法》对国际服务贸易进行了相关规定。本节对国际服务贸易的概念和特征进行阐述，同时介绍我国对国际服务贸易的监督和管理制度。

一、国际服务贸易的概念、特征

《服务贸易总协定》中对国际服务贸易的解释为：服务提供者从一国境内，通过商业现场或自然人现场向消费者提供服务，并通过以上行为获取外汇收入的过程，其中包括跨境交付、自然人流动、境外消费、商业存在等形式。

国际服务贸易相较于国际货物贸易，有以下几个主要特征：

第一，与国际货物贸易不同，国际服务贸易是无形贸易，它提供的无论什么方面和领域的服务都属于无形交易；

第二，国际服务贸易的对象主要为智力劳动，而不是具体商品，例如版权、会计、法律等知识；

第三，国际服务贸易的生产、流通、消费环节并没有明确划分，其在服务的生产、销售与消费方面具同时性、非储存性和非转移性等特征；

第四，国际服务贸易的相关统计数据一般通过各国的国际收支平衡表体现；

第五，国际服务贸易的监管方式与国际货物贸易有很大区别。服务贸易不需要通过海关，所以进出口关税、进出口许可证等手段无法对其进行有效监管，所以一般只可以利用国内的相关立法，对服务提供者的主体资格限制、经营范围限制、股权限制、税收歧视或补贴歧视等方面进行监管。

二、我国对国际服务贸易的监督和管理

（一）基本原则

《对外贸易法》规定，我国在国际服务贸易方面根据所缔结或参加的

国际条约、协定中作出的承诺，给予其他缔约方、参加方市场准入和国民待遇。

在《服务贸易总协定》中，国民待遇义务和市场准入原则属于具体承诺的范围。在《服务贸易总协定》制度下，各成员方有义务对市场准入和国民待遇进行具体承诺。市场准入和国民待遇需要通过各成员进行具体谈判进而确定，并不是自动适用于各服务部门的。各成员方有权决定其对于市场准入和国民待遇的适用部门，以及关于这方面的条件和限制。协定各成员方的承诺表分为两个单独栏目，在表中列出适用的部门、分部门，以及给予国民待遇的资格和条件等。我国在《中华人民共和国加入WTO议定书》的服务贸易具体承诺减让表中，对国内的11项服务行业的市场准入及国民待遇的条件、资格进行了承诺。我国根据在国际服务贸易方面作出的具体承诺，给予相应的成员市场准入和国民待遇。对于与我国没有条约、协定关系的国家，遵循互惠、对等的基本原则处理国际服务贸易关系。

（二）例外规定及管理机关

1. 限制或者禁止有关国际服务贸易的规定

《对外贸易法》对国际服务贸易的限制或者禁止情形进行了规定。

第一，为了维护国家安全、维护社会公共利益、维护公共道德，有必要进行限制或禁止的；

第二，为确保人类的生命健康安全，保护动、植物的生命健康，保护自然环境，有必要进行限制或禁止的；

第三，为建立或者加快建立国内特定服务产业，有必要进行限制的；

第四，为保障国家外汇收支平衡，有必要进行限制的；

第五，按照相关法律法规，其他需要限制或者禁止的；

第六，根据我国缔结或者参加的国际条约、协定的规定，其他需要限制或者禁止的。

2. 国家安全例外规定

《对外贸易法》第二十七条规定，国家对与军事有关的国际服务贸易，以及与裂变、聚变物质或者衍生此类物质的有关物质的国际服务贸易，为了维护国家安全，可以采取任何必要的措施。战争时期或为维护国际和平与安全，国家在国际服务贸易方面可以采取任何必要的措施。

3. 国际服务贸易的管理机关

我国《对外贸易法》规定，国务院对外贸易主管部门和国务院其他相关部门是我国国际服务贸易管理机关。其中，国务院对外贸易主管部门指商务部。国务院其他有关部门包括服务贸易的行业管理部门和经济监督与执法部门。

第四节 对外贸易法相关案例分析

案例：深圳中海天华餐饮连锁企业从香港迅达不锈钢制品公司进口一批原产于马来西亚的一批不锈钢餐刀和其他不锈钢制品（属于法检商品，列入《自动进口许可管理货物目录》），货物总价20 000元，进口关税税率为15%。运载该批货物的运输工具2013年5月26日从深圳口岸申报进境，收货人于2013年6月1日向深圳海关传送报关单电子数据，海关当天受理。该公司发现，该批货物有多处申报差错，必须撤销原电子数据报关单，故向海关申报并经海关审核同意于2013年6月2日撤销原电子数据报关单，遂于6月20日重新向海关申报，海关当天受理申报并发出现场交单通知，收货人于6月21日向海关提交了相应的纸质单证。经海关审核报关单，并查验货物无误后，海关根据申报的货物计算税费打印纳税缴款书和收费票据。凭海关签发的缴税通知书和收费单据在限定的时间内向指定银行缴纳税费，经海关审核报关单，进出境现场放行和货物结关，凭加盖有海关放行章戳记的进口提货凭证提取进口货物，办理货物装上运输工具离境的手续。

分析：从进出口货物收发货人角度进行的程序包括：申报—配合查验—缴纳税费—提取或装运货物。从海关的角度进行的程序包括：海关审单（决定是否受理申报）—查验—征税—放行。

第一，进行货物申报。准备申报单证：报关单、基本单证（进口提货单、商业发票、装箱单等）、特殊单证（进出口许可证、加工贸易手册、原产地证明等）。申报前看货取样：收货人提出申请；海关同意并派员现场监管。海关开具取样记录和取样清单，收货人签字确认。确定进口货物的品名、规格、型号，了解货物的状况。然后进行电子数据申报并提交纸质报关单和随附单证。

进口货物应当在进境地海关申报，因此申报地点为深圳，运载进口货物运输期限为运输工具申报进境之日起14天内（从运输工具申报进境之日起的第二天开始算），由于运载该批货物的运输工具2013年5月26日从深圳口岸申报进境，因此该货物的申报期限为2013年6月9日之内。对于电子数据报关单被退回，重新申报的，申报日期为海关接受重新申报的日期。该货物的申报日期为2013年6月21日。

第二，配合海关检查。查验地点：深圳海关监管区。查验方法：彻底查验或抽查，人工查验或设备查验。查验时间由海关以书面形式提前通知，正常工作日。主要负责搬运货物、开箱、封箱。回答提问，提供有关单证。协助海关提取需要做进一步检验、化验或鉴定的货样，收取海关开具的取样清单。确认查验结果，在《海关进出境货物查验记录单》签字。

第三，缴纳税费。对于经海关审核，必须撤销原电子数据报关单重新申报产生滞报的，滞报金的征收，以撤销之日起第15日为起始日，由于海关审核同意于2013年6月2日撤销原电子数据报关单，因此申报期限为2013年6月17日之前，收货人于2013年6月21日向海关提交了相应的纸质单证，逾期4天。滞报金$20\ 000 \times 4 \times 0.000\ 05=4$，滞报金50元起征，因此不用缴纳滞报金。经海关审核报关单，并查验货物无误后，海关根据申报的货物计算税费打印纳税缴款书和收费票据。凭海关签发的缴税通知书和收费单据在限定的时间内（收到缴款书后15日内）向指定银行缴纳税费，或在网上进行电子支付。

第四，提取或装运货物。由海关在提货凭证或出口装运凭证上加盖海关放行章。实行无纸通关的海关，根据海关放行的报文，自行打印放行凭证，凭此提取货物离境。凭加盖有海关放行章戳记的进口提货凭证提取进口货物。申请签发报关单证明联主要有：进口付汇证明联以及进口货物证明书。

参考文献

[1] 孟咸美，孟昕，孙晶玲，等.经济法理论与实务研究[M].北京：科学技术文献出版社，2019.
[2] 高培勇.现代化经济体系建设理论大纲[M].北京：人民出版社，2019.
[3] 许广义，郭靖超，董兴佩，等.经济法[M].哈尔滨：哈尔滨工程大学出版社，2018.
[4] 王艳，秦雪洁.经济法[M].北京：北京理工大学出版社，2018.
[5] 洪宇.经济法[M].上海：立信会计出版社，2018.
[6] 叶学平，涂人猛，傅智能.新时代中国现代化经济体系建设[M].武汉：武汉大学出版社，2018.
[7] 杨珍.建设现代化经济体系研究[M].北京：经济科学出版社，2018.
[8] 中国注册会计师协会.经济法[M].北京：中国财政经济出版社，2018.
[9] 李裕琢.经济法律基础[M].北京：国家开放大学出版社，2017.
[10] 漆多俊.经济法基础理论[M].5版.北京：法律出版社，2017.
[11] 殷洁.经济法[M].6版.北京：法律出版社，2017.
[12] 赵威.经济法[M].6版.北京：中国人民大学出版社，2017.
[13] 陈践，梁静，张丹，等.经济法概论[M].北京：清华大学出版社，2017.
[14] 财政部会计资格评价中心.经济法基础[M].北京：经济科学出版社，2017.
[15] 谢怀栻.票据法概论[M].增订2版.北京：法律出版社，2017.
[16] 黄洁洵.经济法基础[M].上海：上海财经大学出版社，2017.
[17] 刘剑文.税法学[M].5版.北京：北京大学出版社，2017.
[18] 李昌麒.经济法学[M].3版.北京：法律出版社，2016.

[19] 顾功耘.经济法教程[M].3版.上海：上海人民出版社，2016.
[20] 周艳军，于彤.经济法[M].2版.上海：上海财经大学出版社，2016.
[21] 王传辉，李爱荣.MBA经济法[M].北京：中国人民大学出版社，2015.
[22] 刘天善，张力.经济法教程[M].2版.北京：北京交通大学出版社，2016.
[23] 曲振涛.经济法教程[M].3版.北京：高等教育出版社，2015.
[24] 杨紫烜.经济法[M].北京：北京大学出版社，2015.
[25] 王昆江，殷文胜，孟庆瑜，等.经济法案例教程[M].北京：中国民主法制出版社，2015.
[26] 崔建远.合同法学[M].北京：法律出版社，2015.
[27] 张士元.企业法[M].4版.北京：法律出版社，2015.
[28] 马兆瑞.经济法[M].北京：中国人民大学出版社，2014.
[29] 郭若愚.经济法[M].2版.北京：清华大学出版社，2014.
[30] 张艳兵，白丽丽.经济法案例教程[M].成都：四川大学出版社，2014.
[31] 邸晨霞，陈秀芹.经济法案例分析指导[M].保定：河北大学出版社，2014.
[32] 国务院法制办公室.中华人民共和国劳动合同法·实用版[M].北京：中国法制出版社，2013.
[33] 田春苗.经济法案例分析[M].北京：中国政法大学出版社，2013.
[34] 刘文华.中国经济法基础理论[M].北京：法律出版社，2013.
[35] 刘瑞复.经济法学原理[M].4版.北京：北京大学出版社，2013.
[36] 王晓晔.反垄断法[M].北京：法律出版社，2011.
[37] 王茂庆.经济法基本原则的法教义学分析[J].河南科技大学学报（社会科学版），2020，38（5）：71–75.
[38] 李博.论法律职业伦理课程设置与教学方法的选择[J].中国大学教学，2020（10）：42–45.
[39] 李博.出版者注意义务举证标准审视与完善[J].中国出版，2020（22）：67–70.
[40] 徐孟洲.建设现代化经济体系中的经济法理论问题[J].经济法研究，2018，21（2）：6–8.
[41] 赵强初.委托合同任意解除权的限制[D].包头：内蒙古科技大学，2020.